Super
BIBLE
WORD GAMES

FOR
KIDS

© 2008 by Barbour Publishing, Inc.

ISBN 978-1-60260-392-9

Published by Barbour Publishing, Inc., P.O. Box 719, Uhrichsville, Ohio 44683, www.barbourbooks.com

Our mission is to publish and distribute inspirational products offering exceptional value and biblical encouragement to the masses.

Member of the
Evangelical Christian
Publishers Association

Printed in the United States of America.

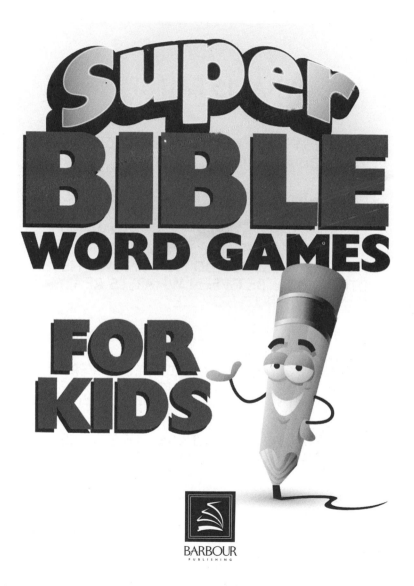

Super BIBLE WORD GAMES FOR KIDS

BARBOUR PUBLISHING

WHAT IS FAITH?

THE BEST WAY TO DESCRIBE FAITH IS TO LOOK AT WHAT IT IS NOT.

FAITH IS **NOT** A FEELING. FEELINGS CANNOT THINK AND THEY DO NOT KNOW THE DIFFERENCE BETWEEN THE PAST, THE PRESENT, AND THE FUTURE. FEELINGS DO NOT KNOW THE DIFFERENCE BETWEEN WHAT IS REAL, FANTASY, TRUTH, OR LIE.

IF YOU WATCH A SCARY MOVIE, YOU FEEL AFRAID. IF YOU WATCH A SAD MOVIE, YOU FEEL SAD. IT **FEELS** VERY REAL, BUT EVERYTHING YOU ARE WATCHING IS JUST MAKE-BELIEVE! NONE OF IT IS REALLY HAPPENING TO YOU, BUT YOUR FEELINGS SURE MAKE IT SEEM THAT WAY, DON'T THEY?

FEELINGS RESPOND TO WHAT ARE CALLED YOUR FIVE SENSES: THE SENSE OF SIGHT, HEARING, SMELL, TOUCH, AND TASTE.

FAITH, HOWEVER, IS BASED ON TRUTH AND FACTS THAT NEVER CHANGE. FAITH IS A CHOICE **AND** AN ACTION TO BELIEVE WHAT GOD SAYS IS TRUE AND TO TRUST HIM TO DO WHAT HE PROMISES IN HIS WORD.

THE OBJECT OF MY FAITH

FIND THE WORDS UNDERLINED BELOW IN THE WORD SEARCH ON THE NEXT PAGE.

"IN THE <u>BEGINNING</u> WAS THE <u>WORD</u>, AND THE WORD WAS WITH <u>GOD</u>, AND THE WORD WAS GOD....THE WORD BECAME <u>FLESH</u> AND MADE HIS <u>DWELLING</u> AMONG US. WE HAVE SEEN HIS <u>GLORY</u>, THE GLORY OF THE <u>ONE</u> AND ONLY, WHO CAME FROM THE <u>FATHER</u>, FULL OF <u>GRACE</u> AND <u>TRUTH</u>."

JOHN 1:1, 14

6

```
G W F A T H E R P W B K
Q O K P D H J Q R D E G
W T D G W J P Y H P G L
Y H F D H Y F H G Y I T
S T W R K P Q G S H N R
G L O R Y D T P F D N D
R D N H Y Q D K D Q I W
A Q E R T F F T P G N K
C O H D W E L L I N G Z
E N T G T Q E W Y K P T
P E F S P D S F G H Y J
R F D D Q H H G Q H S N
D Q R G H K Y W J S F S
Y O Y T F S G T H J W P
W W H F Q T R U T H T K
```

THE SHEPHERD

FIND THE WORDS UNDERLINED BELOW IN THE WORD SEARCH ON THE NEXT PAGE.

"'MY <u>SHEEP</u> <u>LISTEN</u> TO MY <u>VOICE</u>; I KNOW THEM, AND THEY <u>FOLLOW</u> ME. I GIVE THEM ETERNAL <u>LIFE</u>, AND THEY SHALL NEVER <u>PERISH</u>; NO ONE CAN <u>SNATCH</u> THEM OUT OF MY <u>HAND</u>.'"

JOHN 10:27–28

```
V X V L C K V J H M D H
B O L H N G F N K F A C
N K I M J C V L G N F Z
V L S C X Z X H D H J D
X C T J E M J K S C X V
B K E H S H E E P L N J
L H N G B G B F M K F P
Z Z V K M X M J G N S E
C X M X C Z H V X G D R
S J N G Z F B X D V B I
N H L K L I F E C N K S
A N B L C H Z M N L D H
T J M F K N D F Z V V L
C Z G F O L L O W C Z G
H M F B D F B G B L J H
```

WORD LIST

FIND THE WORDS LISTED BELOW IN THE
WORD SEARCH ON THE NEXT PAGE.

GRACE

WORD

FLESH

BEGINNING

TRUTH   GLORY

VOICE   LISTEN

SNATCH   HAND

```
S R P S E H A L L T E U
E G E J O A F W O R D L
R P R J H N J F Z U R D
V Q A A X D B E L T R T
A M L C C B M V R H I S
B B I P A E B I D H P T
T E R R V A N J L I T S
F T G L O R Y D M L D N
J K H I B B J E S I F A
T Y C N N E F L E S H T
O V Q E R N C G K T K C
G E O U J S I O I E B H
S J N I D V S N N N S L
P D B O C C T P G U H W
B E T P D E D E E K O B
```

WORD LIST

FIND THE WORDS LISTED BELOW IN THE
WORD SEARCH ON THE NEXT PAGE.

CLEANSE

FEAR

CURTAIN

SONSHIP

PURE

NEAR

PRIEST

GUILTY

CLOTHE

TREAT

```
C L E A N S E O L M M Y
T F L Z R P B C D S D M
K M J R C E T R E A T P
A H S E U D R U T U B D
D F E A R I B R N W S B
M I N J T A P R I E S T
G T M J A B M U D H N R
U R N O I S T B C G Q S
I J Z G N E H U L U U O
L U A G N B N M O L S N
T D M M E I W E T B E S
Y G A C S P V C H X W H
N E L P P U C M E I O I
O S W R V R N D X U S P
M N E A R E J D H V R G
```

HE'S FROM ABOVE

USING THE LINES ON THE NEXT PAGE, UNSCRAMBLE THE UNDERLINED WORDS BELOW. THEN FIND THEM IN THE WORD SEARCH PUZZLE.

"BUT HE <u>TCINONEDU</u>, '<u>OYU</u> ARE FROM <u>EWBLO</u>; I AM FROM <u>VBEAO</u>. YOU ARE OF THIS <u>LWRDO</u>; I AM NOT OF <u>SIHT</u> WORLD.'"

JOHN 8:23

14

```
W B N R J I S E A D E B
O D T W E R J U V O S N
R R F P J O J G B R V A
L Y J Q D H T O B U C B
D C O N T I N U E D T O
F S O B P Q P E L E A V
Z E G C E G R O O A F E
X R U T A N I H W B J S
C O P K T H I S Y B B T
Y A B Y L T N T D E M D
```

LOOK TO THE SON

USING THE LINES ON THE NEXT PAGE, UNSCRAMBLE THE UNDERLINED WORDS BELOW. THEN FIND THEM IN THE WORD SEARCH PUZZLE.

"'FOR I HAVE COME DOWN FROM HNEVAE NOT TO DO MY WILL BUT TO DO THE WILL OF HIM WHO TENS ME. AND THIS IS THE WILL OF HIM WHO SENT ME, THAT I SHALL SOLE NONE OF ALL THAT HE HAS EVIGN ME, BUT SAERI THEM UP AT THE LAST DAY. FOR MY FATHER'S WILL IS THAT EVERYONE WHO LOOKS TO THE SON AND ELEBSIEV IN HIM SHALL HAVE ETERNAL LIFE, AND I WILL RAISE HIM UP AT THE LAST DAY.'"

JOHN 6:38-40

_____   _____

_____   _____

_____   _____

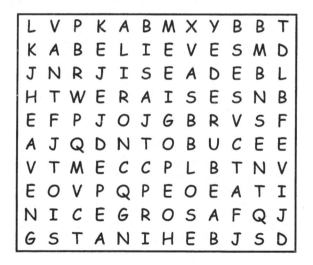

```
L V P K A B M X Y B B T
K A B E L I E V E S M D
J N R J I S E A D E B L
H T W E R A I S E S N B
E F P J O J G B R V S F
A J Q D N T O B U C E E
V T M E C C P L B T N V
E O V P Q P E O E A T I
N I C E G R O S A F Q J
G S T A N I H E B J S D
```

HE IS THE BREAD OF LIFE

FIND THE WORDS UNDERLINED BELOW IN THE WORD SEARCH ON THE NEXT PAGE.

"'NO ONE HAS <u>SEEN</u> THE <u>FATHER</u> EXCEPT THE <u>ONE</u> WHO IS <u>FROM</u> GOD; ONLY HE HAS SEEN THE FATHER. I <u>TELL</u> YOU THE <u>TRUTH</u>, HE WHO BELIEVES HAS <u>EVERLASTING</u> LIFE. I AM THE <u>BREAD</u> OF <u>LIFE</u>.'"

JOHN 6:46–48

```
B P E K E O L B G E W O
P R P T O R E L I F E U
Y F E L H V M R F T R L
T G A A I B T E L L R D
R S E L D I B I D H G T
E P L P F A N D L N P S
W T F R V B T E I S T K
Q R R I B B P T S E K S
O W O D B F S H E R D E
N H M N C A Q H K T V E
E D A C L T R U T H H N
G M Q R E H T N W I K L
F R E O Y E D T T U B N
T V I O N R L D W I L O
E D B M S E K T R E H L
```

WORD LIST

FIND THE WORDS LISTED BELOW IN THE
WORD SEARCH ON THE NEXT PAGE.

WORK

EARTH

GLORY

GLORIFY

FAITH

BEGAN

DOOR

COMPLETING

JESUS

CHRIST

PRESENCE

MAN

```
C O M P L E T I N G M D
T F L R R P B C D S O M
K M J E J E A Q D O S P
A H S S P D R C R U B D
D A R E A R T H N W S G
M I N N S A T R T S T L
E T M C V B M I D W N O
U R J E S U S S C O Q R
T J Z G G E H T M R U I
E U A G N B N M E K S F
G L O R Y E W E X B E Y
O G A C S G V C A X W R
N E N P P A C M S I O D
O A W R V N F A I T H X
M N Y I E X J D H V R G
```

WORD LIST

FIND THE WORDS LISTED BELOW IN THE
WORD SEARCH ON THE NEXT PAGE.

WORLD
HEAVEN
BELOW
RAISE
FAITH
LOSE
SENT
BELIEVES
BREAD
GLORY
EARTH
EVERLASTING

```
W A S E N T D A Q D E S
R D A R G V I R U T U B
T R A I S E A B R E A D
U E T M J V B T I T S T
X U R N O O S M U D H N
E V E R L A S T I N G Q
A E U A G N S H U M U U
R R F M M E B N M E L S
T O A A W O R L D X B H
H N I L P P R V C A E E
M O T W R V I C M S L A
L M H Y L O S E D X O V
C Y E C G L O R Y H W E
T F L Z R P M O L M M N
K B E L I E V E S S D M
```

WORD LIST

FIND THE WORDS LISTED BELOW IN THE
WORD SEARCH ON THE NEXT PAGE.

WILL

BEGAN

GOOD

ENTER

DWELLING

LOVE

DEATH

ANGELS

HEIGHT

DEPTH

CREATION

SEPARATE

```
A O S W R V A T Q D E S
C M N Y I E A N G E L S
R Y E C D I S T R N W S
E F L Z D E A T H T S E
A M O R J Y B E G A N P
T H V E W T I B B C G A
I A E G I E R H U M U R
O I N J L S I E M E L A
N T M J L D B I E X B T
U R N O O X X G C A X E
T G O O D A M H M S I O
E U A G N P B T D X U S
R D W E L L I N G H V R
O G A C S D E P T H M Y
N E N T E R B C D S D M
```

ASK YOURSELF

WHAT HAVE YOU LEARNED SO FAR? FIND OUT
BY ANSWERING THE QUESTIONS BELOW.

1. WHO WAS IN THE BEGINNING?
JOHN 1:1, 14

_____

2. WHO WAS THE WORD WITH?
JOHN 1:1, 14

_____

3. WHO WAS THE WORD?
JOHN 1:1, 14

_____

4. WHERE DID JESUS SAY HE WAS FROM?

JOHN 6:38

_____

5. WHOSE SON DOW JESUS SAY HE IS?

JOHN 6:38

_____

6. WHO WAS THE WORD?

JOHN 6:38

_____

27

BELIEVE IN JESUS

USING THE LINES ON THE NEXT PAGE, UNSCRAMBLE THE UNDERLINED WORDS BELOW. THEN FIND THEM IN THE WORD SEARCH PUZZLE.

"THEN <u>USJES</u> <u>IDCER</u> OUT, 'WHEN A MAN <u>SBEEVLEI</u> IN ME, HE DOES NOT BELIEVE IN ME ONLY, BUT IN THE ONE WHO <u>NSTE</u> ME. WHEN HE <u>OLKOS</u> AT ME, HE <u>ESES</u> THE ONE WHO SENT ME.'"

JOHN 12:44–45

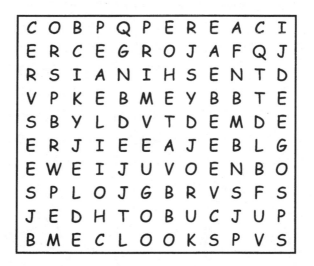

```
C O B P Q P E R E A C I
E R C E G R O J A F Q J
R S I A N I H S E N T D
V P K E B M E Y B B T E
S B Y L D V T D E M D E
E R J I E E A J E B L G
E W E I J U V O E N B O
S P L O J G B R V S F S
J E D H T O B U C J U P
B M E C L O O K S P V S
```

JESUS IS THE WAY

USING THE LINES ON THE NEXT PAGE, UNSCRAMBLE THE UNDERLINED WORDS BELOW. THEN FIND THEM IN THE WORD SEARCH PUZZLE.

"JESUS <u>DAENRSEW</u>, 'I AM THE <u>YWA</u> AND THE TRUTH AND THE LIFE. NO ONE <u>SCEOM</u> TO THE FATHER EXCEPT THROUGH ME. IF YOU <u>YRLELA</u> KNEW ME, YOU WOULD KNOW MY FATHER AS WELL. FROM <u>OWN</u> ON, YOU DO <u>WNKO</u> HIM AND HAVE SEEN HIM.'"

JOHN 14:6–7

_____   _____

_____   _____

_____   _____

```
S O B P Q P E K N O W I
E G C E G R O J A F Q J
R W A Y N I H D B J S D
V P K A B M E Y B B T E
A B Y L T R T D E M D C
N R J I E E A N O W L O
T W E W J U V O S N B M
F P S O R E A L L Y F E
J N D H T O B U C J E S
A M E C C P L B T P V E
```

HE LAID DOWN HIS LIFE

FIND THE WORDS UNDERLINED BELOW IN THE WORD SEARCH ON THE NEXT PAGE.

"'THE <u>REASON</u> MY FATHER <u>LOVES</u> ME IS THAT I <u>LAY</u> DOWN MY <u>LIFE</u>—ONLY TO TAKE IT UP AGAIN. NO ONE <u>TAKES</u> IT FROM ME, BUT I LAY IT DOWN OF MY OWN <u>ACCORD</u>. I HAVE <u>AUTHORITY</u> TO LAY IT DOWN AND AUTHORITY TO TAKE IT UP AGAIN. THIS <u>COMMAND</u> I <u>RECEIVED</u> FROM MY FATHER.'"

JOHN 10:17–18

```
N D G R B B P A T R E O
G M I E B A C C G E W L
F R B A C E Q C X S K O
T H K S R S I O F T R V
O D T O E V T R S S R E
P L L N Y C D D D H I S
H A U T H O R I T Y P T
F Y L H S E K C M S T A
G L P U O L B F S L K K
S W R O R E L E E I D E
R E C E I V E D K F V S
T A D I B K V T I E H I
R H N T I B I N W I K L
W A C O M M A N D U B N
H Q R V B T A D W I L O
```

WORD LIST

FIND THE WORDS LISTED BELOW IN THE
WORD SEARCH ON THE NEXT PAGE.

LORD

SIN

CRIED

KING

ANSWERED

COMMAND

AUTHOR

VINE

PURPOSE

FORGIVEN

FREEDOM

MESSIAH

```
F Y E C D A M O L M M L
T O L Z R P B C D S O M
K C R I E D A Q D R S P
A H S G P D R U D U B D
C P R G I I B R N W S B
O U N J S V T I K I N G
M R M J V B E U D H N A
M P N O O S T N C G Q U
A O Z G G E H U M U U T
N S A G N A N V E L S H
D E M M I I W I X B E O
O G A S S R V N A X W R
N E S P P I C E S S O D
O E F R E E D O M U I X
M A N S W E R E D V R N
```

HE IS ALIVE

FIND THE WORDS UNDERLINED BELOW IN THE WORD SEARCH ON THE NEXT PAGE.

"ON THE <u>EVENING</u> OF THAT FIRST DAY OF THE WEEK, WHEN THE <u>DISCIPLES</u> WERE TOGETHER, WITH THE <u>DOORS</u> LOCKED FOR <u>FEAR</u> OF THE <u>JEWS</u>, JESUS CAME AND STOOD AMONG THEM AND SAID, '<u>PEACE</u> BE WITH YOU!' AFTER HE SAID THIS, HE SHOWED THEM HIS <u>HANDS</u> AND SIDE. THE DISCIPLES WERE <u>OVERJOYED</u> WHEN THEY SAW THE <u>LORD</u>."

JOHN 20:19–20

```
H M Q C E V T N W I K L
F A D O Y C D T T U B N
T H N O N T D O O R S O
O D B D S E K T R E H L
E E K E S L B L O R D G
V P T O R E L X S K U O
E Z J H V M R F D R L D
N A E I B K P E A C E R
I E W T I B Y D H I T D
N L S F A O D L F P S A
G W R V J T E M E T K M
R Y I R B P K S A K T B
W A E B A C H E R D Y I
H V N C E Q H K T V N T
O A D I S C I P L E S L
```

37

WORD LIST

FIND THE WORDS LISTED BELOW IN THE
WORD SEARCH ON THE NEXT PAGE.

REASON

LAW

ACCORD

BURDENED

WAY

NEW

SLAVERY

YOKE

PERFECT

FREE

POWER

OLD

```
M N J Z G D I B R Y Z I
N E U A G F A T I O X U
B W D M M G B M U K X V
C O S L A V E R Y E C M
C N E L P G E H U M V D
T O A C C O R D M F E P
L M N Y I E I W E R U O
A Y E C D S R V C E W W
W F R E A S O N M E S E
M M J R J V B N D X H R
E H B U R D E N E D G Q
X A R G V A M O L M W U
O I N J S P B C D S A S
L T P E R F E C T H Y E
D R N O J D R U T U X W
```

THROUGH THE SON

USING THE LINES ON THE NEXT PAGE, UNSCRAMBLE THE UNDERLINED WORDS BELOW. THEN FIND THEM IN THE WORD SEARCH PUZZLE.

"FOR IF, WHEN WE WERE GOD'S SEIENEM, WE WERE DRLEECIOCN TO HIM THROUGH THE TDHEA OF HIS SON, HOW MUCH EORM, HAVING BEEN RECONCILED, SHALL WE BE ESDAV THROUGH HIS FLEI!"

ROMANS 5:10

_____   _____

_____   _____

_____   _____

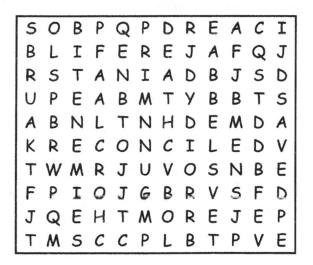

```
S O B P Q P D R E A C I
B L I F E R E J A F Q J
R S T A N I A D B J S D
U P E A B M T Y B B T S
A B N L T N H D E M D A
K R E C O N C I L E D V
T W M R J U V O S N B E
F P I O J G B R V S F D
J Q E H T M O R E J E P
T M S C C P L B T P V E
```

JESUS SET ME FREE

FIND THE WORDS UNDERLINED BELOW IN THE WORD SEARCH ON THE NEXT PAGE.

"JESUS REPLIED, 'I TELL YOU THE TRUTH, <u>EVERYONE</u> WHO <u>SINS</u> IS A SLAVE TO SIN. NOW A <u>SLAVE</u> HAS NO PERMANENT PLACE IN THE <u>FAMILY</u>, BUT A SON <u>BELONGS</u> TO IT <u>FOREVER</u>. SO IF THE <u>SON</u> SETS YOU <u>FREE</u>, YOU WILL BE FREE <u>INDEED</u>.'"

JOHN 8:34–36

```
G M Q P F N T L D W I S
F A M I L Y E K T R O D
T H M I B O L B G N W V
O D N N J R E L X S K H
P E B D G V M R F T R K
H P V E T B K V S I N S
F Z C E F I B I D H J L
G B X D B A N D L I F H
S E V E R Y O N E S O O
P L B M R B P K S E R U
T O K E E A C H E R E L
R N T O Y F R E E T V D
W G L H D S I T I N E T
H S L A V E T N W I R S
D A L T Z C D T T U T K
```

SINS OF THE WORLD

USING THE LINES ON THE NEXT PAGE, UNSCRAMBLE THE UNDERLINED WORDS BELOW. THEN FIND THEM IN THE WORD SEARCH PUZZLE.

"THE NEXT DAY HJNO SAW ESUSJ COMING TOWARD HIM AND SAID, 'KOLO, THE AMLB OF GOD, WHO TAKES AWAY THE SIN OF THE LWDOR! . . . .I HAVE SEEN AND I YTIEFST THAT THIS IS THE SON OF GOD."

JOHN 1:29, 34

_____   _____

_____   _____

_____   _____

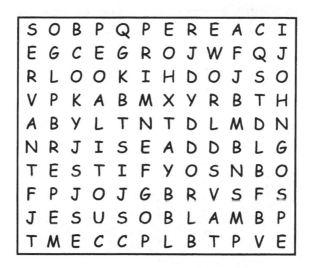

S	O	B	P	Q	P	E	R	E	A	C	I
E	G	C	E	G	R	O	J	W	F	Q	J
R	L	O	O	K	I	H	D	O	J	S	O
V	P	K	A	B	M	X	Y	R	B	T	H
A	B	Y	L	T	N	T	D	L	M	D	N
N	R	J	I	S	E	A	D	D	B	L	G
T	E	S	T	I	F	Y	O	S	N	B	O
F	P	J	O	J	G	B	R	V	S	F	S
J	E	S	U	S	O	B	L	A	M	B	P
T	M	E	C	C	P	L	B	T	P	V	E

PAID IN FULL

FIND THE WORDS UNDERLINED BELOW IN THE WORD SEARCH ON THE NEXT PAGE.

"BUT NOW THAT YOU HAVE <u>BEEN</u> SET <u>FREE</u> FROM <u>SIN</u> AND HAVE BECOME <u>SLAVES</u> TO GOD, THE BENEFIT YOU <u>REAP</u> LEADS TO <u>HOLINESS</u>, AND THE RESULT IS <u>ETERNAL</u> LIFE. FOR THE <u>WAGES</u> OF SIN IS <u>DEATH</u>, BUT THE <u>GIFT</u> OF GOD IS ETERNAL LIFE IN CHRIST JESUS OUR <u>LORD</u>."

ROMANS 6:22-23

```
E  M  Q  E  T  I  B  K  V  S  S  R
F  T  G  B  W  A  G  E  S  D  H  I
T  H  E  N  P  F  A  N  D  F  I  P
B  D  B  R  E  A  P  T  E  R  S  T
E  E  L  U  N  B  B  P  K  E  E  K
E  P  O  J  D  A  A  C  H  E  R  D
N  Z  R  H  N  C  L  Q  H  K  T  V
G  A  D  G  C  R  S  S  T  I  N  S
S  E  M  V  C  E  S  T  N  W  I  L
S  L  V  F  D  E  A  T  H  T  U  A
I  W  B  V  N  N  T  L  D  W  I  V
N  Y  H  I  M  S  E  K  T  R  E  E
W  A  L  K  E  O  L  B  G  E  W  S
H  O  T  T  G  I  F  T  X  S  K  U
H  A  R  L  H  V  M  R  F  T  R  L
```

NAILED TO THE CROSS

FIND THE WORDS UNDERLINED BELOW IN THE WORD SEARCH ON THE NEXT PAGE.

"WHEN YOU WERE DEAD IN YOUR SINS AND IN THE UNCIRCUMCISION OF YOUR SINFUL NATURE, <u>GOD</u> MADE YOU <u>ALIVE</u> WITH <u>CHRIST</u>. HE <u>FORGAVE</u> US <u>ALL</u> OUR <u>SINS</u>, HAVING CANCELED THE WRITTEN CODE, WITH ITS REGULATIONS, THAT WAS AGAINST US AND THAT STOOD <u>OPPOSED</u> TO US; HE TOOK IT <u>AWAY</u>, <u>NAILING</u> IT TO THE <u>CROSS</u>."

COLOSSIANS 2:13–14

```
G M Q C E V T N S I K O
O R G H Y C D T I U B P
D H I R N T L D N I L P
O D B I S E K T S E H O
P E K S O L B G E W O S
H P T T R E L X S K U E
F Z L H V M R F T R L D
G A T A W A Y O S R D R
S L L T I B I R H I T D
P I P F A N D G I P S A
T V R V S T E A S T K M
R E I S B P K V E K T B
W A O B A C H E R D Y I
H R N C L Q H K T V N T
C A C R L N A I L I N G
```

WORD LIST

FIND THE WORDS LISTED BELOW IN THE
WORD SEARCH ON THE NEXT PAGE.

LOVE

PEACE

FRUIT

SPIRIT

PATIENCE

HAPPY

KINDNESS

JOY

GOODNESS

FAITHFUL

GENTLE

```
M L Y E C D A M J O Y M
N O F L P R P B C K S D
B V M J E J A A Q I E S
G E H S A P T R U N U B
O D A R C V I B R D W S
O M I N E S T I N S T
D E T M J V N M U E H N
N U R N O O C T B S G Q
E G E N T L E H U S U U
S E U A G N B N M E L F
S R D M M E I W E Y B R
F A I T H F U L C A X U
R N E L P P I C M S I I
H A P P Y V B N D X U T
Y M N Y I S P I R I T R
```

ASK YOURSELF

WHAT HAVE YOU LEARNED SO FAR? FIND OUT
BY ANSWERING THE QUESTIONS BELOW.

1. HOW   DID   JOHN   THE   BAPTIST
   DESCRIBE JESUS?

JOHN 1:29

_____

2. WHAT IS THE SIN OF THE WORLD?

JOHN 16:9

_____

3. WHAT DO YOU HAVE IF YOU BELIEVE
   IN JESUS?

JOHN 5:24

_____

4. WHAT DID GOD DO ABOUT YOUR SINS?

1 JOHN 2:12

_____

5. HOW WERE YOU SINS FORGIVEN?

ROMANS 5:10

_____

6. DID JESUS DIE FOR ALL YOUR SINS?

COLOSSIANS 2:13

_____

I HAVE LIFE

USING THE LINES ON THE NEXT PAGE, UNSCRAMBLE THE UNDERLINED WORDS BELOW. THEN FIND THEM IN THE WORD SEARCH PUZZLE.

"'THE ETFHI COMES ONLY TO ASLTE AND LKLI AND RDYEOST; I HAVE MCEO THAT THEY MAY HAVE LIFE, AND HAVE IT TO THE LFLU.'"

JOHN 10:10

_____ _____

_____ _____

_____ _____

```
C O M E Q P E R E A C I
E G C E G R O J A F Q J
R K T A N I H D B J S D
V I K A B M X E B B T E
A L Y L T N T S E M E E
N L J I S E A T E B A G
T H I E F U V R S N L O
F P J O J G B O V S F S
J Q D H T O B Y C J E P
F U L L C P L B T P V E
```

I BELIEVE

FIND THE WORDS UNDERLINED BELOW IN THE WORD SEARCH ON THE NEXT PAGE.

"'I <u>TELL</u> YOU THE TRUTH, <u>WHOEVER</u> <u>HEARS</u> MY <u>WORD</u> AND <u>BELIEVES</u> HIM WHO SENT ME HAS ETERNAL LIFE AND WILL NOT BE <u>CONDEMNED</u>; HE HAS <u>CROSSED</u> OVER FROM <u>DEATH</u> TO <u>LIFE</u>.'"

JOHN 5:24

```
G M Q C E W H O E V E R
F R G O Y C D T T U B N
T H I O N T E L L I L O
O D W M S E K T R E H L
P E O E O L B G E W O G
C C R O S S E D S K L O
F Z D H V M R F T R I D
G A T I B K V S S R F R
S E L T I B I H H I E D
C O N D E M N E D P S A
T W R E B T E A S T K M
R Y I A B P R E K T B
W A D T A C H S R D Y I
H H N H E Q H K T V N T
D B E L I E V E S H I L
```

I AM BORN AGAIN

USING THE LINES ON THE NEXT PAGE, UNSCRAMBLE THE UNDERLINED WORDS BELOW. THEN FIND THEM IN THE WORD SEARCH PUZZLE.

"IN REPLY JESUS EDDAERLC, 'I TELL YOU THE TRUTH, NO ONE CAN SEE THE OKMIDNG OF GOD UNLESS HE IS NBRO AGAIN.... HLSFE GIVES TBHIR TO FLESH, BUT THE SPIRIT GIVES BIRTH TO ISTPRI.' "

JOHN 3:3, 6

_____   _____

_____   _____

_____   _____

```
K O B P Q P E R E A C F
E I C E B I R T H F L J
R S N A N I H D B E S D
V P K G B M X Y S B T S
A B Y L D N T H E M D P
N R J I S O A D E B L I
T W E N J U M O S N B R
F P R O J G B R V S F I
J O D H T O B U C J E T
B M E D E C L A R E D E
```

NEW BIRTH

FIND THE WORDS UNDERLINED BELOW IN THE WORD SEARCH ON THE NEXT PAGE.

"<u>PRAISE</u> BE TO THE GOD AND FATHER OF OUR LORD JESUS <u>CHRIST</u>! IN HIS GREAT <u>MERCY</u> HE HAS GIVEN US NEW <u>BIRTH</u> INTO A LIVING <u>HOPE</u> THROUGH THE RESURRECTION OF JESUS CHRIST FROM THE <u>DEAD</u>... WHO THROUGH <u>FAITH</u> ARE <u>SHIELDED</u> BY GOD'S <u>POWER</u> UNTIL THE COMING OF THE SALVATION THAT IS READY TO BE <u>REVEALED</u> IN THE LAST TIME."

1 PETER 1:3, 5

```
P O W E R V T N W I H L
F R G O Y C D T T U O N
T H B I R T H D W I P O
O D B M S E K T R E E L
P R A I S E B G E W O G
H P T O R E L X S K U O
F Z L H S H I E L D E D
G A T I B K V S S R D R
S E L T I B I D H F T D
C L P F A N D L I A S A
H W R D B T E M S I K M
R E V E A L E D E T T E
I A D A A C H E R H Y R
S H N D E Q H K T V N C
T A C R S I T I N H I Y
```

I AM ALIVE

USING THE LINES ON THE NEXT PAGE, UNSCRAMBLE THE UNDERLINED WORDS BELOW. THEN FIND THEM IN THE WORD SEARCH PUZZLE.

"AND I WILL ASK THE EFRAHT, AND HE WILL GIVE YOU ANOTHER OCROLUENS TO BE WITH YOU FOREVER—THE SPIRIT OF HTTUR. THE WORLD CANNOT ACCEPT HIM, BECAUSE IT NEITHER SEES HIM NOR KNOWS HIM. BUT YOU KNOW HIM, FOR HE SLEIV WITH YOU AND WILL BE IN YOU.... BEFORE LONG, THE DWLOR WILL NOT SEE ME ANYMORE, BUT YOU WILL SEE ME. BECAUSE I LIVE, YOU ALSO WILL ELVI.' "

JOHN 14:16-17, 19

_____   _____

_____   _____

_____   _____

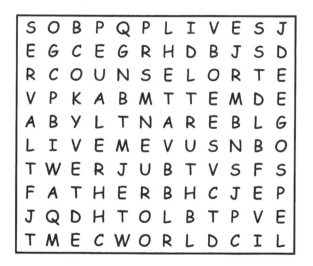

```
S O B P Q P L I V E S J
E G C E G R H D B J S D
R C O U N S E L O R T E
V P K A B M T T E M D E
A B Y L T N A R E B L G
L I V E M E V U S N B O
T W E R J U B T V S F S
F A T H E R B H C J E P
J Q D H T O L B T P V E
T M E C W O R L D C I L
```

I AM A NEW CREATION

USING THE LINES ON THE NEXT PAGE, UNSCRAMBLE THE UNDERLINED WORDS BELOW. THEN FIND THEM IN THE WORD SEARCH PUZZLE.

"ETRHOEFRE, IF NAENOY IS IN CHRIST, HE IS A WEN OCNRIETA; THE DOL HAS GONE, THE NEW HAS EOCM!"

2 CORINTHIANS 5:17

_____   _____

_____   _____

_____   _____

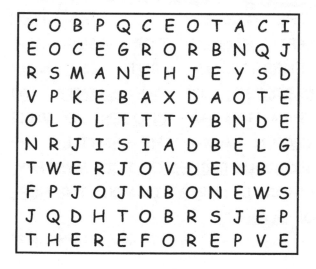

```
C O B P Q C E O T A C I
E O C E G R O R B N Q J
R S M A N E H J E Y S D
V P K E B A X D A O T E
O L D L T T T Y B N D E
N R J I S I A D B E L G
T W E R J O V D E N B O
F P J O J N B O N E W S
J Q D H T O B R S J E P
T H E R E F O R E P V E
```

CHRIST LIVES IN ME

FIND THE WORDS UNDERLINED BELOW IN THE WORD SEARCH ON THE NEXT PAGE.

"THE <u>MYSTERY</u> THAT HAS BEEN KEPT <u>HIDDEN</u> FOR AGES AND GENERATIONS, BUT IS NOW <u>DISCLOSED</u> TO THE <u>SAINTS</u>. TO THEM GOD HAS <u>CHOSEN</u> TO MAKE <u>KNOWN</u> AMONG THE GENTILES THE GLORIOUS <u>RICHES</u> OF THIS MYSTERY, WHICH IS <u>CHRIST</u> IN YOU, THE <u>HOPE</u> OF <u>GLORY</u>."

COLOSSIANS 1:26–27

```
G M Q C E V T N W I K S
F K N O W N D T T U B A
T H I O N T G L O R Y I
O D B M S E K T R E H N
P E K Y O L B G E W O T
H P T S R C H R I S T S
D Z L T V M R F T R L D
I A T E B K V S S R D R
S E L R I B I D H I T D
C L P Y A H D L I C S A
L W R V B T I M S H K M
O Y H O P E K D E E T B
S A D B A C H E D S Y I
E H N C E Q H K T E N T
D A C H O S E N N H N L
```

CHRIST LIVES THROUGH ME

FIND THE WORDS UNDERLINED BELOW IN THE WORD SEARCH ON THE NEXT PAGE.

"I HAVE BEEN <u>CRUCIFIED</u> WITH CHRIST AND I NO <u>LONGER</u> LIVE, BUT CHRIST <u>LIVES</u> IN ME. THE <u>LIFE</u> I LIVE IN THE <u>BODY</u>, I LIVE BY <u>FAITH</u> IN THE <u>SON</u> OF <u>GOD</u>, WHO <u>LOVED</u> ME AND GAVE <u>HIMSELF</u> FOR ME."

GALATIANS 2:20

```
H M Q C E V T N S O N L
I R G O Y C D T T U B N
M H I O N T L L W I L O
S D B O D Y K I R E O L
E E K E O L B V E W N G
L P T O L E L E S K G O
F Z L H O M R S T R E D
G A T I V K V S S R R R
S E L T E B I D H I T D
P L I F D N D L I P S A
T W F V B F A I T H K M
R Y E B B P K S E K T B
W A D B A C H E R D Y I
H H N C R U C I F I E D
G O D R S I T I N H I L
```

WORD LIST

FIND THE WORDS LISTED BELOW IN THE
WORD SEARCH ON THE NEXT PAGE.

BEARS

CLEAN

PRUNES

GARDENER

REMAIN

THROWN

FRUITFUL

WITHERS

BURNED

DISCIPLES

OBEYED

```
C Y E R E M A I N M B Y
T F L Z R P B C D S E G
K R J R J E A Q D E A A
A U S T H R O W N U R R
D I R G V I B R N W S D
M T O B E Y E D T S T E
E F O H J N M E S H N N
C U N O O S T E C G Q E
L L Z G G E L U M U U R
E U A G N P N M E L S B
A D H W I T H E R S E L
N G A C S R V C A Z W R
N E S P P I C M S I O D
O I W R V B U R N E D X
D N Y P R U N E S V R G
```

WORD LIST

FIND THE WORDS LISTED BELOW IN THE
WORD SEARCH ON THE NEXT PAGE.

LIVE   SEARCH   RICHES

MEDITATE   APOSTLE

PERFECTER   AUTHOR   EYES

ENDURED   SCORNING

SHAME   HAND

```
H A N D D A M O L M M Y
T F L Z R E N D U R E D
K M J R J E A Q D E S P
A P O S T L E U T U B D
U A R G V I B R N E S P
T I N J S A T I T Y T E
H T M E D I T A T E N R
O R N O O S T B C S Q F
R J Z G G E H U M U U E
E U R I C H E S E S S C
L D M M E I W E B H E T
I S C O R N I N G A W E
V E L P P I C M S M O R
E S W R V B N D E E S X
S E A R C H J D H V R G
```

ASK YOURSELF

WHAT HAVE YOU LEARNED SO FAR? FIND OUT
BY ANSWERING THE QUESTIONS BELOW.

1. WHAT MUST HAPPEN BEFORE A
   PERSON CAN SEE THE KINGDOM OF
   GOD?

   JOHN 3:3

   _____

2. WHAT KIND OF BIRTH IS JESUS
   TALKING ABOUT?

   JOHN 3:6

   _____

3. HOW DO YOU BECOME A CHILD OF
   GOD?

   JOHN 1:12

   _____

4. ARE NATURAL BIRTH AND SPIRITUAL BIRTH THE SAME THING?

JOHN 1:13

_____

5. WILL JESUS EVER REJECT A PERSON WHO BELIEVES IN HIM?

JOHN 6:37-40

_____

6. ONCE YOU'VE BEEN BORN AGAIN, CAN YOU EVER DIE SPIRITUALLY?

JOHN 11:25-26

_____

HE WILL BEAR THE FRUIT

FIND THE WORDS UNDERLINED BELOW IN THE WORD SEARCH ON THE NEXT PAGE.

"'I AM THE <u>VINE</u>; YOU ARE THE <u>BRANCHES</u>. IF A <u>MAN</u> <u>REMAINS</u> IN ME AND I IN HIM, HE WILL <u>BEAR</u> MUCH <u>FRUIT</u>; <u>APART</u> FROM ME YOU CAN DO <u>NOTHING</u>.'"

JOHN 15:5

```
V M Q C E V T N W I K L
F I G O Y B E A R U B N
T H N O N T L D W N L O
O D B E S E K T R O H L
P E K E O F R U I T O G
H P T O R E L X S H U O
F Z L H V M R F T I L D
G R E M A I N S S N D R
S E L T I B E D H G T D
P L P F A H D L I P S A
T W R V C T E M S T K M
R M A N B P K S E K T B
W A A B A C A P A R T I
H R N C E Q H K T V N T
B A C R S I T I N H I L
```

KEEP MY EYES ON JESUS

USING THE LINES ON THE NEXT PAGE, UNSCRAMBLE THE UNDERLINED WORDS BELOW. THEN FIND THEM IN THE WORD SEARCH PUZZLE.

"LET US FIX OUR SEEY ON JESUS, THE RUOAHT AND EPRETFRCE OF OUR TFHAI, WHO FOR THE JOY SET BEFORE HIM REDNEDU THE CROSS, SCORNING ITS SHAME, AND SAT DOWN AT THE RIGHT HAND OF THE NTEHOR OF GOD."

HEBREWS 12:2

_____   _____

_____   _____

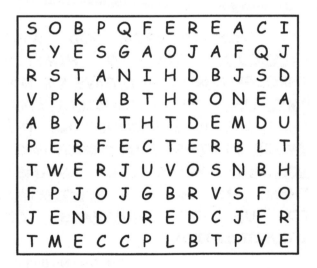

```
S O B P Q F E R E A C I
E Y E S G A O J A F Q J
R S T A N I H D B J S D
V P K A B T H R O N E A
A B Y L T H T D E M D U
P E R F E C T E R B L T
T W E R J U V O S N B H
F P J O J G B R V S F O
J E N D U R E D C J E R
T M E C C P L B T P V E
```

GOD IS MY FRIEND

USING THE LINES ON THE NEXT PAGE, UNSCRAMBLE THE UNDERLINED WORDS BELOW. THEN FIND THEM IN THE WORD SEARCH PUZZLE.

"ALL THIS IS FROM GOD, WHO ERDELCOINC US TO HIMSELF THROUGH CHRIST AND GAVE US THE RMYITNSI OF RECONCILIATION: THAT GOD WAS RECONCILING THE LWDOR TO HIMSELF IN CHRIST, NOT NCGONUIT MEN'S SINS AGAINST THEM. AND HE HAS ECDOTMTMI TO US THE GMEEASS OF RECONCILIATION."

2 CORINTHIANS 5:18–19

_____   _____

_____   _____

_____   _____

```
G T B P Q P E R E A C W
E M I N I S T R Y F Q O
R S T A N I H D B J S R
V P K A B M X Y B B T L
M E S S A G E D E M D D
N R J I S E A D E B L G
T C O U N T I N G N B O
F R E C O N C I L E D S
J Q D H T O B U C J E P
T M E C O M M I T T E D
```

GOD LOVES ME

FIND THE WORDS UNDERLINED BELOW IN
THE WORD SEARCH ON THE NEXT PAGE.

"THIS IS HOW GOD <u>SHOWED</u> HIS
<u>LOVE</u> AMONG US: HE <u>SENT</u> HIS ONE
AND ONLY <u>SON</u> INTO THE <u>WORLD</u>
THAT WE <u>MIGHT</u> LIVE THROUGH <u>HIM</u>.
THIS IS LOVE: NOT THAT WE LOVED
GOD, BUT THAT HE <u>LOVED</u> US AND
SENT HIS SON AS AN <u>ATONING</u>
SACRIFICE FOR OUR <u>SINS</u>."

1 JOHN 4:9–10

```
S M Q C E V T N W I K H
F O G O Y C D T T U I N
T H N O N T L D W M L O
O D S M S E K T R E H L
P E S E O L B G E W O O
H P E O R E L X S K U V
F Z N H L O V E D R L E
G A T I B K V S S R D R
S E L T I B I D H I T S
M I G H T N D L I P S H
T W R V D T E M S T K O
R Y I L B S I N S K T W
W A R B A C H E R D Y E
H O N C E Q H K T V N D
W A T O N I N G N H I L
```

I AM RESTORED TO GOD

FIND THE WORDS UNDERLINED BELOW IN THE WORD SEARCH ON THE NEXT PAGE.

"FOR GOD WAS <u>PLEASED</u> TO HAVE ALL HIS <u>FULLNESS</u> <u>DWELL</u> IN HIM, AND THROUGH HIM TO RECONCILE TO HIMSELF ALL <u>THINGS</u>, WHETHER THINGS ON <u>EARTH</u> OR THINGS IN <u>HEAVEN</u>, BY MAKING <u>PEACE</u> THROUGH HIS <u>BLOOD</u>, <u>SHED</u> ON THE <u>CROSS</u>."

COLOSSIANS 1:19–20

```
C M Q C E V T N W I K S
F R G H E A V E N U H N
T H O O N T L D W E L O
O D B S S E K T D E H L
P E K E S L B G E W O G
H P T O R E L X S B U O
F Z E A R T H F T L L D
G A T I B K V S S O D W
F U L L N E S S H O T E
P L P F A N D L I D S L
T W P L E A S E D T K L
R Y I C B P K S E K T B
W A A B A C H E R D Y I
H E N C E Q H K T V N T
P A C T H I N G S H I L
```

I AM A CHILD OF GOD

USING THE LINES ON THE NEXT PAGE, UNSCRAMBLE THE UNDERLINED WORDS BELOW. THEN FIND THEM IN THE WORD SEARCH PUZZLE.

"YET TO ALL WHO <u>VCDEIEER</u> HIM, TO THOSE WHO <u>LDEVIEBE</u> IN HIS NAME, HE GAVE THE <u>HRITG</u> TO BECOME <u>NLIRCEHD</u> OF GOD—CHILDREN <u>ONBR</u> NOT OF NATURAL DESCENT, NOR OF HUMAN DECISION OR A HUSBAND'S <u>LWLI</u>, BUT BORN OF GOD."

JOHN 1:12–13

_____ _____

_____ _____

_____ _____

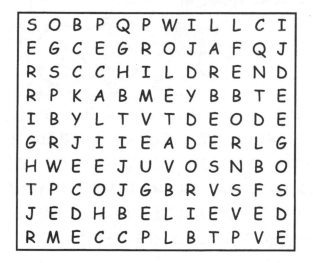

```
S O B P Q P W I L L C I
E G C E G R O J A F Q J
R S C C H I L D R E N D
R P K A B M E Y B B T E
I B Y L T V T D E O D E
G R J I I E A D E R L G
H W E E J U V O S N B O
T P C O J G B R V S F S
J E D H B E L I E V E D
R M E C C P L B T P V E
```

I AM SAVED

FIND THE WORDS UNDERLINED BELOW IN THE WORD SEARCH ON THE NEXT PAGE.

"FOR IF, WHEN WE WERE <u>GOD'S ENEMIES</u>, WE WERE RECONCILED TO HIM <u>THROUGH</u> THE <u>DEATH</u> OF HIS SON, HOW MUCH MORE, HAVING BEEN <u>RECONCILED</u>, SHALL WE BE <u>SAVED</u> THROUGH HIS <u>LIFE</u>!"

ROMANS 5:10

```
G M Q C E V T N W I K L
O R G O Y C L I F E B N
D H I O N T L D W I L O
S D B M S E K T R E H L
P E T H R O U G H W O G
H P T O R E L X S D U O
S Z L H V M R F E R L D
A A T I B K V L S R D R
V E L T I B I D H D T D
E L P F A C D L I E S A
D W R V N T E M S A K M
R Y I O B P K S E T T B
W A C B A C H E R H Y I
H E N E M I E S T V N T
R A C R S I T I N H I L
```

I HAVE PEACE WITH GOD

FIND THE WORDS UNDERLINED BELOW IN THE WORD SEARCH ON THE NEXT PAGE.

"THEREFORE, SINCE WE HAVE BEEN <u>JUSTIFIED</u> THROUGH FAITH, WE HAVE <u>PEACE</u> WITH GOD THROUGH OUR LORD JESUS CHRIST, THROUGH WHOM WE HAVE <u>GAINED</u> <u>ACCESS</u> BY <u>FAITH</u> INTO THIS <u>GRACE</u> IN WHICH WE NOW <u>STAND</u>. AND WE <u>REJOICE</u> IN THE HOPE OF THE <u>GLORY</u> OF GOD."

ROMANS 5:1–2

```
G F A I T H T N W I K L
F R G O Y C D G L O R Y
T H I O N T L D W I L O
A C C E S S K T R E H L
P E K E O L B G E W O G
H P T O R E L R S K U R
J U S T I F I E D R L A
G A T I B K V J S R D C
S E L T I B I O H I T E
G A I N E D D I I S S A
T W R V B T E C S T K M
R Y I B B P K E E A T B
W A D B A C H E R N Y I
P E A C E Q H K T D N T
D A C R S I T I N H I L
```

WORD LIST

FIND THE WORDS LISTED BELOW IN THE
WORD SEARCH ON THE NEXT PAGE.

SOBER

PRIDE

HIGHLY

YOURSELF

UNHOLY

PARENTS

CREATED

MEASURE

PRAISE

FULL

OPINION

COMMEND

```
P Y E C D A U O L M M Y
T R L Z R P N C P S D C
K M A R J E H Q A E S R
A H S I P D O U R U B E
D A R G S I L R E W S A
S O B E R E Y I N S T T
E T M J V B M U T H P E
M E A S U R E B S G R D
T J Z G G E N U M U I W
F U A G N O N M E L D B
U D M M I I W E X B E L
L G A N Y O U R S E L F
L E I P P I C M S I O D
O P W C O M M E N D S X
O N Y I H I G H L Y R G
```

WORD LIST

FIND THE WORDS LISTED BELOW IN THE
WORD SEARCH ON THE NEXT PAGE.

BLEMISH

FIRM

HOLY

REMEMBER

KINGS

THANKS

SACRIFICE

CALLED

TEST

CONDEMNATION

PLEASING

```
C Y P L E A S I N G M Y
B L E M I S H C D S D M
K M J R J E A Q D E S P
K H S E P D R U T U B D
I A R G R E M E M B E R
N I N J S A T I T S T F
G T M C A L L E D H N I
S A C R I F I C E G Q R
T J Z G G E H U M U U M
E H A G N B N M E L S W
C O N D E M N A T I O N
O L A C S R V C A X W N
N Y L P P I C T E S T R
O S W R V B N D X U S D
M N Y T H A N K S V R X
```

WORD LIST

FIND THE WORDS LISTED BELOW IN THE
WORD SEARCH ON THE NEXT PAGE.

BODIES   TRUST   ACT   PAST

WORSHIP

RENEWING   PATTERN

JUDGES

TRANSFORMED

PRESENT   FUTURE

```
A Y E C D A M O L M M T
C F L Z R P B C D S D R
T M J P R E S E N T S U
A H S J U D G E S U B S
D A R G V I B R N W S T
M I N J S A W I T S T E
T R A N S F O R M E D R
U E N O O S R R M E D S
T N Z P G E S U M U U B
E E A A N B H M E L S O
R W M S E I I E X B E D
O I A T S R P C A X W I
N N L P P I C M S I O E
O G W R P A T T E R N S
M N Y F U T U R E V R G
```

ASK YOURSELF

WHAT HAVE YOU LEARNED SO FAR? FIND OUT
BY ANSWERING THE QUESTIONS BELOW.

1. ONCE YOU HAVE BEEN BORN AGAIN,
   WHO LIVES THROUGH YOU?
                                    GALATIANS 2:20

_____

2. HOW DO YOU BEAR FRUIT?
                                    JOHN 15:5

_____

3. HOW DO YOU REMAIN IN JESUS?
                                    HEBREWS 12:2

_____

4. HOW DID GOD SHOW HIS LOVE FOR US?

1 JOHN 4:9-10

_____

5. WHO IS THE HOLY SPIRIT?

ACTS 5:1-4

_____

6. WHERE DID JESUS SAY THE HOLY SPIRIT WOULD LIVE?

JOHN 14:16-17

_____

I AM MADE HOLY

FIND THE WORDS UNDERLINED BELOW IN THE WORD SEARCH ON THE NEXT PAGE.

"BUT NOW HE HAS RECONCILED YOU BY CHRIST'S PHYSICAL BODY THROUGH DEATH TO PRESENT YOU HOLY IN HIS SIGHT, WITHOUT BLEMISH AND FREE FROM ACCUSATION—IF YOU CONTINUE IN YOUR FAITH, ESTABLISHED AND FIRM, NOT MOVED FROM THE HOPE HELD OUT IN THE GOSPEL. THIS IS THE GOSPEL THAT YOU HEARD AND THAT HAS BEEN PROCLAIMED TO EVERY CREATURE UNDER HEAVEN."

COLOSSIANS 1:22–23

```
G M Q C E V T N W I K L
B R G O Y C D S I G H T
L H I O N T L D W I L O
E D B M S C K T R E H L
M E K F I R M G E W O G
I P T R R E L X S H U P
S Z L E V A R F T O L H
H A T E B T V S S L D Y
S E L T I U I D H Y T S
P L P F A R D L I P S I
T W R V H E A V E N K C
R Y I B E P K S E K T A
W A D B A C H E R D Y L
H H N C R Q G O S P E L
D A C R D I T I N H I L
```

WORD LIST

FIND THE WORDS LISTED BELOW IN THE
WORD SEARCH ON THE NEXT PAGE.

DARE

EYES

GRASS

COMPARE

PASS

FLOWERS

WITHER

STANDS

DESIRES

KINGDOM

WATER

FLESH

```
D Y F L O W E R S M M Y
A F L Z R P B C D S D C
R H W I T H E R D E S O
E H S E P D R U T U B M
D A R G V I W A T E R P
M I N J S A T I T S T A
F L E S H B M K D H N R
U R N O O S T I C G Q E
T J Z P G E H N M U U D
S U A A N B N G E L S E
T D M S E I W D X B E S
A G A S S R V O A E W I
N E L P P I C M S Y O R
D S G R A S S D L E S E
S N Y I E T J D H S R S
```

I BELIEVE

USING THE LINES ON THE NEXT PAGE, UNSCRAMBLE THE UNDERLINED WORDS BELOW. THEN FIND THEM IN THE WORD SEARCH PUZZLE.

"THEN THEY ASKED HIM, 'WHAT MUST WE DO TO DO THE <u>SOKWR</u> GOD <u>ERSERQIU</u>?' JESUS <u>EADNRSEW</u>, 'THE WORK OF GOD IS THIS: TO <u>VBEEELI</u> IN THE <u>EON</u> HE HAS <u>TSNE</u>.'"

JOHN 6:28–29

_____ _____

_____ _____

_____ _____

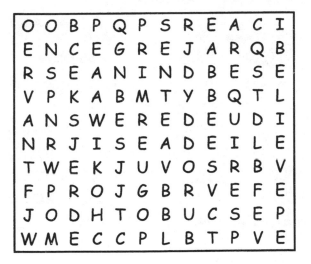

```
O O B P Q P S R E A C I
E N C E G R E J A R Q B
R S E A N I N D B E S E
V P K A B M T Y B Q T L
A N S W E R E D E U D I
N R J I S E A D E I L E
T W E K J U V O S R B V
F P R O J G B R V E F E
J O D H T O B U C S E P
W M E C C P L B T P V E
```

I AM BEING TRANSFORMED

FIND THE WORDS UNDERLINED BELOW IN THE WORD SEARCH ON THE NEXT PAGE.

"DO NOT <u>CONFORM</u> ANY <u>LONGER</u> TO THE <u>PATTERN</u> OF THIS WORLD, BUT BE <u>TRANSFORMED</u> BY THE <u>RENEWING</u> OF YOUR <u>MIND</u>. THEN YOU WILL BE ABLE TO <u>TEST</u> AND <u>APPROVE</u> WHAT GOD'S WILL IS—HIS GOOD, <u>PLEASING</u> AND <u>PERFECT</u> WILL."

ROMANS 12:2

```
T M Q C E V T N W I K M
F R G P E R F E C T I N
T H A O N T L D W N L O
O D B N S E K T D E H L
R E K E S L B G E W O O
E P A O R F L X S K U N
N Z P H V M O F T R L G
E A P I B K V R S R D E
W E R T I B M D M I T R
I L O F A R D L I E S A
N W V V O T E M S T D M
G Y E F B P K S T K T B
W A N B A C H E R E Y I
H O P L E A S I N G S T
C A P A T T E R N H I T
```

WORD LIST

FIND THE WORDS LISTED BELOW IN THE
WORD SEARCH ON THE NEXT PAGE.

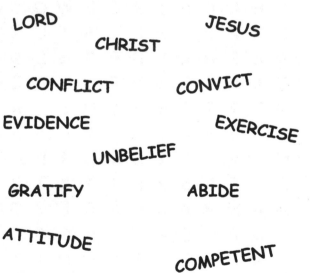

LORD

CHRIST

JESUS

CONFLICT

CONVICT

EVIDENCE

EXERCISE

UNBELIEF

GRATIFY

ABIDE

ATTITUDE

COMPETENT

```
C Y E C D L M O L M M A
T O L Z R O B C D S B M
K M N R J R A Q D I S P
E H U F P D R U D U B E
X A N G L I B E N W S V
E I B R S I T I T J T I
R T E A V B C U D E N D
C R L T O S T T C S Q E
I J I I G E T U M U U N
S U E F N C C M E S S C
E D F Y I I W H X B E E
O G A V S R V C R P W R
N E N P P I C M S I O D
O O A T T I T U D E S J
C C O M P E T E N T R T
```

WORD LIST

FIND THE WORDS LISTED BELOW IN THE
WORD SEARCH ON THE NEXT PAGE.

RESCUE

BODY

OURSELVES

THANKS

SERVING

WRETCHED

NEW

OBJECT

ABUNDANCE

OLD

```
T Y E C B O D Y L M M R
H F L Z R P B C D S D E
A M J R J E A Q D E S S
N O U R S E L V E S B C
K A R G V O B R N W S U
S I N J S L T I T S T E
E T M J V D M U D H N R
U A B U N D A N C E Q S
T J Z G G E H U M U U E
E U A G N B N M N L S R
R O B J E C T E E B E V
O G A C S R V C W H W I
N E L P P I C M S I O N
O S W R V B N D X U S G
W R E T C H E D H V R G
```

I WILL LOVE OTHERS

USING THE LINES ON THE NEXT PAGE, UNSCRAMBLE THE UNDERLINED WORDS BELOW. THEN FIND THEM IN THE WORD SEARCH PUZZLE.

"AND THIS IS HIS <u>NCDOAMM</u>: TO BELIEVE IN THE <u>MNEA</u> OF HIS SON, JESUS <u>SCTHIR</u>, AND TO <u>VLEO</u> ONE <u>EARNHOT</u> AS HE <u>ECDODMNMA</u> US."

1 JOHN 3:23

_____   _____

_____   _____

_____   _____

```
S O N P Q P E R E A C C
E G A E G R O J A N Q O
R S M A N I H D B O S M
V P E A L O V E B T T M
A B Y L T N T D E H D A
C O M M A N D E D E L N
T W E R J U V O S R B D
F P J O J G B R V S F S
J Q C H R I S T C J E P
T M E C C P L B T P V E
```

CHRIST IS GREATER

FIND THE WORDS UNDERLINED BELOW IN THE WORD SEARCH ON THE NEXT PAGE.

"YOU, DEAR <u>CHILDREN</u>, ARE <u>FROM</u> GOD AND HAVE <u>OVERCOME</u> THEM, <u>BECAUSE</u> THE ONE <u>WHO</u> IS IN YOU IS <u>GREATER</u> THAN THE ONE WHO IS IN THE <u>WORLD</u>."

1 JOHN 4:4

```
G M Q C E V T N W C K L
B E C A U S E T T H B N
T H I O N T L D W I L O
O D B M S E K T R L H L
P E O E O L B G E D O G
H P V O R W L X S R U O
F Z E H V H R F T E L D
G A R I B O V S S N D R
S E C T I B I D H I T D
P L O F A N D L I P S A
T W M V W O R L D T F M
R Y E B B P K S E K R B
W A D B A C H E R D O I
G R E A T E R K T V M T
D A C R S I T I N H I L
```

WORD LIST

FIND THE WORDS LISTED BELOW IN THE
WORD SEARCH ON THE NEXT PAGE.

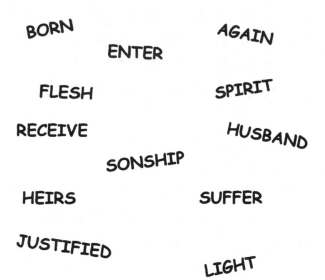

BORN

ENTER

AGAIN

FLESH

SPIRIT

RECEIVE

HUSBAND

SONSHIP

HEIRS

SUFFER

JUSTIFIED

LIGHT

```
S Y E C A G A I N M M Y
T O L Z R E C E I V E H
K M N R J E A Q D E S U
A H S S P E N T E R B S
D S R B H I B R N S S B
M P N O S I T I T U T A
E I M R V B P U D F N N
U R N N O S T B C F Q D
T I S T N P Z D P E U W
E T A G N B N M E R S B
R D M M E F L E S H D L
O G A C S R V C A X W R
J U S T I F I E D I O D
O S W R V B N D X U S X
H E I R S X L I G H T G
```

GOD FIRST LOVED ME

USING THE LINES ON THE NEXT PAGE, UNSCRAMBLE THE UNDERLINED WORDS BELOW. THEN FIND THEM IN THE WORD SEARCH PUZZLE.

"THERE IS NO <u>REAF</u> IN LOVE. BUT <u>CPTEERF</u> LOVE <u>SDVREI</u> OUT FEAR, <u>SBEEUCA</u> FEAR HAS TO DO WITH <u>NPTUENMIHS</u>. THE ONE WHO FEARS IS NOT MADE PERFECT IN LOVE. WE LOVE BECAUSE HE FIRST <u>ELDOV</u> US."

1 JOHN 4:18–19

_____   _____

_____   _____

_____   _____

```
F O B P Q P E R E A C B
E G C E G R O P A F Q E
A S L O V E D E B J S C
R P K A B M X R B B T A
A B Y L T N T F E M D U
P U N I S H M E N T L S
T W E R J U V C S N B E
F P J O J G B T V S F S
J Q D H T O B U C J E P
D R I V E S L B T P V E
```

GOD'S WORK

USING THE LINES ON THE NEXT PAGE, UNSCRAMBLE THE UNDERLINED WORDS BELOW. THEN FIND THEM IN THE WORD SEARCH PUZZLE.

"AND WE <u>WOKN</u> THAT IN ALL <u>GTSHNI</u> GOD <u>KWSOR</u> FOR THE <u>DOGO</u> OF THOSE WHO LOVE HIM, WHO HAVE BEEN <u>ECDALL</u> ACCORDING TO HIS <u>SPEUORP</u>."

ROMANS 8:28

_____   _____

_____   _____

_____   _____

_____   _____

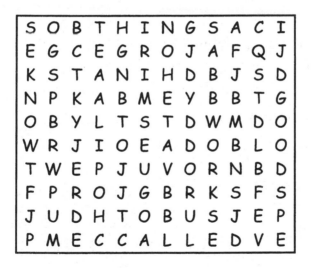

```
S O B T H I N G S A C I
E G C E G R O J A F Q J
K S T A N I H D B J S D
N P K A B M E Y B B T G
O B Y L T S T D W M D O
W R J I O E A D O B L O
T W E P J U V O R N B D
F P R O J G B R K S F S
J U D H T O B U S J E P
P M E C C A L L E D V E
```

WORD LIST

FIND THE WORDS LISTED BELOW IN THE
WORD SEARCH ON THE NEXT PAGE.

LOVE

LAVISHED

CALLED

CHILDREN

FRIENDS

APPEARS

PURE

AGAPE

ARREST

FRIENDSHIP

STANDING

```
C Y E L A V I S H E D C
T F L R R P B C D S D A
K F R I E N D S D E S L
A R R I P D R A T U B L
D I L O V E B P N W S E
M E M J S A T P T S T D
E N N J V A M E D H A R
U D Z O O G T A C G N S
T S A G G A H R M U D W
E H M G N P N S T L I B
R I P U R E W C Z B N L
O P L C S R V E A X G R
N E W P A R R E S T O D
O S I R V B N N X U S X
C H I L D R E N H V R G
```

WORD LIST

FIND THE WORDS LISTED BELOW IN THE
WORD SEARCH ON THE NEXT PAGE.

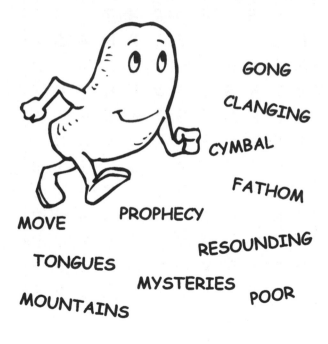

GONG

CLANGING

CYMBAL

FATHOM

PROPHECY

MOVE

RESOUNDING

TONGUES

MYSTERIES

POOR

MOUNTAINS

```
C Y E C L A N G I N G M
T Y L Z R P A C D S D O
K M M R J F A T H O M U
A H S B P D B U T U B N
D A R G A I T R N W S T
M I N J S L R U D H T A
E M Y S T E R I E S P I
U R N O O B T B C G O N
T P R O P H E C Y U O S
E U A G N R D I M G R B
R E S O U N D I N G E L
O G A G S I V C M O W R
N E N P P B C M S O V D
O O N R V N N D X U V E
G N T O N G U E S V M E
```

WORD LIST

FIND THE WORDS LISTED BELOW IN THE
WORD SEARCH ON THE NEXT PAGE.

KIND ENVY POSSESS

RUDE PROUD

WRONGS

DELIGHT ANGERED

REJOICES

TRUSTS PROTECTS

EVIL

```
E Y E C E V I L L M M P
T N L Z R T B C D S R R
P M V R J R A Q D O S O
O H S Y P U R U U U B T
S A R G V S B D N W S E
S I N J S T T I T S T C
E T M J V S M U D H N T
S R D E L I G H T G Q S
S J Z G G E H U M U U W
E U R E J O I C E S S B
R D M M E I W E K B E L
O G A D S R V C R D W R
N E N P P I C M S U O D
O I W W R O N G S U D X
K N A N G E R E D V R E
```

ASK YOURSELF

WHAT HAVE YOU LEARNED SO FAR? FIND OUT
BY ANSWERING THE QUESTIONS BELOW.

1. WHAT DOES THE HOLY SPIRIT DO?

JOHN 16:13

_____

2. WHO IS THE TRUTH?

JOHN 14:6

_____

3. WHAT DOES JESUS SAY IS TRUTH?

JOHN 17:17

_____

4. WHO IS THE SOURCE OF LIFE?

JOHN 6:63

_____

5. WHAT DOES THE FLESH COUNT FOR?

JOHN 6:63

_____

6. CAN THE FLESH PRODUCE THE FRUIT OF GOD?

JOHN 3:6

_____

I BELIEVE BY FAITH

FIND THE WORDS UNDERLINED BELOW IN THE WORD SEARCH ON THE NEXT PAGE.

"NOW <u>FAITH</u> IS BEING <u>SURE</u> OF WHAT WE <u>HOPE</u> FOR AND <u>CERTAIN</u> OF WHAT WE DO NOT <u>SEE</u>. THIS IS WHAT THE <u>ANCIENTS</u> WERE <u>COMMENDED</u> FOR. BY FAITH WE <u>UNDERSTAND</u> THAT THE <u>UNIVERSE</u> WAS <u>FORMED</u> AT GOD'S COMMAND, SO THAT WHAT IS SEEN WAS NOT MADE OUT OF WHAT WAS <u>VISIBLE</u>."

HEBREWS 11:1–3

```
U M Q C E C T N V I K L
N R G O Y E D T I U B S
D H C O N R L D S I L U
E D O M S T K T I E H R
R E M E O A B G B W O E
S P M O R I L X L K U O
T Z E H F N R F E R L U
A A N I O K V S S R D N
N E D T R F A I T H T I
D L E F M N D L I P S V
T W D V E T H O P E K E
R Y I B D P K S E K T R
W A D B A C H E R D Y S
A N C I E N T S T V N E
D A C R S I S E E H I L
```

WORD LIST

FIND THE WORDS LISTED BELOW IN THE
WORD SEARCH ON THE NEXT PAGE.

CHILD

CHURCH

REDEEM

CHRISTIAN

NAME

WORTHY

RESCUE

PEOPLE

DARKNESS

DOMINION

REDEMPTION

```
R Y E C D A M O L M M C
T E L C H U R C H S H M
K M D R J E A Q D I S R
D H S E P D R U L U B E
O A R G E I B D N W S S
M I N J S M T I N N T C
I T M J V B M O O H N U
N W O R T H Y I C G Q E
I J Z G G T T U N A M E
O U A G P P N M E L S B
N D M M M I P E O P L E
O G A E S R V C A B W R
N E D P D A R K N E S S
O E W R V B N D X U S A
R N C H R I S T I A N G
```

MY FAITH PLEASES GOD

USING THE LINES ON THE NEXT PAGE, UNSCRAMBLE THE UNDERLINED WORDS BELOW. THEN FIND THEM IN THE WORD SEARCH PUZZLE.

"AND WITHOUT FAITH IT IS IMPOSSIBLE TO SPELEA GOD, BECAUSE NAENOY WHO ECSOM TO HIM MUST BELIEVE THAT HE TESXSI AND THAT HE DRSERWA THOSE WHO EARNESTLY KESE HIM."

HEBREWS 11:6

134

_____   _____

_____   _____

```
P O B P Q P E R E A C E
L G S E E K O J A F Q X
E S T A N I H D B J S I
A P K R E W A R D S T S
S B Y L T N T D E M D T
E R J I S E A D E B L S
T W E R J C O M E S B O
F P J O J G B R V S F S
J A N Y O N E U C J E P
T M E C C P L B T P V E
```

MY FAITH IS A GIFT

FIND THE WORDS UNDERLINED BELOW IN THE WORD SEARCH ON THE NEXT PAGE.

"FOR IT IS BY <u>GRACE</u> YOU HAVE BEEN <u>SAVED</u>, <u>THROUGH</u> FAITH—AND THIS <u>NOT</u> FROM <u>YOURSELVES</u>, IT IS THE <u>GIFT</u> OF GOD—NOT BY <u>WORKS</u>, SO THAT <u>NO</u> ONE CAN <u>BOAST</u>."

EPHESIANS 2:8–9

```
G M Q C E V T N W I K L
F R G O Y C D T Y U B N
T H A O N T L D O I L O
O D B C S E K T U E H L
P E K E E L B G R W O G
H P T O R E L W S K U O
F S A V E D R F E R L D
G A T I B K V S L R D R
S E B O A S T D V I T D
P L P F A N D L E P S A
G I F T B T E M S T K M
R Y I B B P K S E K T B
W T H R O U G H R D O I
H H N C E Q H K T V N T
D A C R S I W O R K S L
```

I WILL TRUST GOD

FIND THE WORDS UNDERLINED BELOW IN THE WORD SEARCH ON THE NEXT PAGE.

"'DO <u>NOT</u> LET YOUR <u>HEARTS</u> BE <u>TROUBLED</u>. <u>TRUST</u> IN GOD; TRUST ALSO IN ME. IN MY <u>FATHER'S</u> <u>HOUSE</u> ARE MANY <u>ROOMS</u>; IF IT WERE NOT SO, I WOULD HAVE TOLD YOU. I AM <u>GOING</u> THERE TO <u>PREPARE</u> A <u>PLACE</u> FOR YOU.'"

JOHN 14:1–2

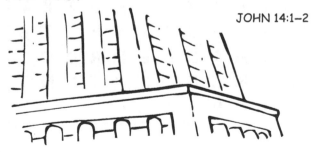

138

```
H M Q C E V T N W I K N
F O G O G O I N G U O N
T H U O N T L D W T L O
O D B S S E K T R E H L
P E K E E L R O O M S G
F A T H E R S X S K U O
H P R O R E L F T R L D
G A O I B K V P L A C E
S E U T I B I D R O S T
P L B F A N T R U S T A
T W L V B T E M S T K M
R H E A R T S S E K T B
W A D B A C H E R D Y I
H H N C E Q H K T V N T
D A C R P R E P A R E L
```

MY HOPE IS IN GOD

USING THE LINES ON THE NEXT PAGE, UNSCRAMBLE THE UNDERLINED WORDS BELOW. THEN FIND THEM IN THE WORD SEARCH PUZZLE.

"NOW FAITH IS <u>NGBIE</u> SURE OF <u>AWTH</u> WE HOPE FOR AND <u>ICNEART</u> OF WHAT WE DO NOT <u>ESE</u>. THIS IS WHAT THE <u>TASNNCEI</u> WERE <u>ECDODMNME</u> FOR."

HEBREWS 11:1-2

_____ _____

_____ _____

```
S O B P Q P E R E A C A
E G C E R T A I N F Q N
R S T A N B H D B J S C
V P K A B E X Y B B T I
W H A T T I T D R M D E
N R J I S N A D E B L N
T W E R J G V O S N B T
C O M M E N D E D S F S
J Q D H T O B U C J E P
T M E C C P L B S E E G
```

WORD LIST

FIND THE WORDS LISTED BELOW IN THE
WORD SEARCH ON THE NEXT PAGE.

ACTS

BROTHERS

FREEDOM

SACRIFICE

LAWLESS

CHOSEN

JUST

HUMILITY

HUMBLE

```
C Y E C D A M O L M M H
T F B R O T H E R S D U
K M J R J E A Q D E S M
A C T S P D R U T U B I
D A R G V I B R N W S L
S A C R I F I C E S T I
H T M J V B M U D H N T
U C N O O S T B C G Q Y
M H Z G G E H U M U U W
B O A G F R E E D O M B
L S M M E I W E X B E L
E E A C S R V C A J W R
N N L P P I C M S U O D
L A W L E S S D X S S X
M N Y I E N J D H T R G
```

I HOLD FIRM TO MY FAITH

USING THE LINES ON THE NEXT PAGE, UNSCRAMBLE THE UNDERLINED WORDS BELOW. THEN FIND THEM IN THE WORD SEARCH PUZZLE.

"THEREFORE, SINCE WE <u>VHEA</u> A GREAT HIGH <u>SPTREI</u> WHO HAS GONE <u>HTUGRHO</u> THE <u>NHSEEAV</u>, JESUS THE SON OF GOD, LET US HOLD <u>LFYIMR</u> TO THE FAITH WE <u>SPSREOF</u>."

HEBREWS 4:14

144

_____   _____

_____   _____

_____   _____

```
S O B P Q P E R E A C P
E T H R O U G H A F Q R
R S T A N I H D B J S I
P R O F E S S Y B B T E
A B Y L T N T F E M D S
N R J I E E A I E B L T
T W E V J U V R S N B O
F P A O J G B M V S F S
J E D H T O B L C J E P
H M H A V E L Y T P V E
```

WORD LIST

FIND THE WORDS LISTED BELOW IN THE
WORD SEARCH ON THE NEXT PAGE.

CHILD

FACE

CHILDISH

MIRROR

REFLECTION

GUIDE

DESIRES

WILLING

STRENGTH

AGE

HAND

GLORY

```
C Y E C D A H A N D M Y
T R L H R P B C H I L D
K E J I J E A Q D E S P
A F S L P D R W T U B D
D L R D V A B I N W S B
M E N I S G T L T S T S
E C M S V E M L D H N T
U T N H O S T I C M Q R
G I Z G D E H N M I U E
L O A G E B N G E R S N
O N M M S I W E X R E G
R G A C I R V C A O W T
Y E L P R I C M S R O H
O F A C E B N D X U S P
M N Y I S J G U I D E G
```

WORD LIST

FIND THE WORDS LISTED BELOW IN THE
WORD SEARCH ON THE NEXT PAGE.

CHURCH

TEMPLE   STONE

BUILDING

MIRACLES   DEITY

SAINT   RADIANCE

SAVIOR   BLASPHEMY

BEHOLD   EVIDENCE

```
S T O N E A M O L S M Y
T A L Z R P B B D A D M
D E I T Y E A E D V S P
A H S N P D R H T I B D
D A R G T I B O N O S B
M I N J S A M L T R T E
E T M J V B I D D H N R
U T N C H U R C H G Q R
T E Z G G E A U M U U A
E M A G N B C M E L S D
R P M M E I L E J B E I
B L A S P H E M Y Z W A
N E L P P I S M S I O N
B U I L D I N G K U S C
M N Y I E V I D E N C E
```

I AM FREE

FIND THE WORDS UNDERLINED BELOW IN THE WORD SEARCH ON THE NEXT PAGE.

"KNOW THAT A **MAN** IS NOT **JUSTIFIED** BY **OBSERVING** THE LAW, BUT BY FAITH IN **JESUS** CHRIST. SO WE, TOO, HAVE **PUT** OUR FAITH IN CHRIST JESUS THAT WE **MAY** BE JUSTIFIED BY **FAITH** IN **CHRIST** AND NOT BY OBSERVING THE LAW, BECAUSE BY OBSERVING THE **LAW** NO ONE **WILL** BE JUSTIFIED."

GALATIANS 2:16

```
J  M  Q  C  E  V  T  N  W  I  K  M
F  E  G  O  M  A  Y  T  T  U  A  N
T  H  S  O  N  T  L  D  W  N  L  O
F  D  B  U  S  E  W  I  L  L  H  L
A  E  K  E  S  L  B  G  E  W  O  G
I  P  T  O  R  E  L  T  S  K  U  L
T  Z  L  H  C  H  R  I  S  T  L  A
H  A  T  I  B  K  V  S  S  R  D  W
S  E  L  T  I  B  I  D  H  I  T  D
P  J  U  S  T  I  F  I  E  D  S  A
T  W  R  V  B  T  E  M  S  T  K  M
R  Y  I  B  B  P  K  S  E  K  T  B
W  A  O  B  S  E  R  V  I  N  G  I
H  H  N  C  E  Q  H  K  T  V  N  T
P  U  T  R  S  I  T  I  N  H  I  L
```

I WILL HAVE TRIALS

FIND THE WORDS UNDERLINED BELOW IN THE WORD SEARCH ON THE NEXT PAGE.

"<u>CONSIDER</u> IT <u>PURE</u> <u>JOY</u>, MY <u>BROTHERS</u>, WHENEVER YOU <u>FACE</u> <u>TRIALS</u> OF MANY <u>KINDS</u>, BECAUSE YOU KNOW THAT THE <u>TESTING</u> OF YOUR <u>FAITH</u> <u>DEVELOPS</u> <u>PERSEVERANCE</u>."

JAMES 1:2–3

```
P M Q C E V K I N D S L
F U G O Y T D T T U B N
T H R O N R L D W I L O
O D B E S I K T F A C E
P E K E O A B G E W C G
H P T O R L L X S N U O
F Z L H V S R F A R L D
C O N S I D E R S R D R
S E L T I B E F A I T H
P L P F A V D L I P S A
T D E V E L O P S T K M
R Y I S B R O T H E R S
W A R B A C H E R J Y I
H E N C E Q H K T V O T
P A C T E S T I N G I Y
```

WORD LIST

FIND THE WORDS LISTED BELOW IN THE
WORD SEARCH ON THE NEXT PAGE.

BOAST

GOD

SAVED

RELATIONSHIP

DEAD

PERSONAL

LIFE

ETERNAL

RECONCILE

PRAYER

```
G Y E C D A M O L R M Y
T O L P R A Y E R E D M
K M D R J E A Q D L S P
A H S B O A S T T A B D
D A R G V I B R N T S B
R E C O N C I L E I T E
E T M J V B M U D O N R
U R N O O S T L C N Q E
D E A D G E A U M S U T
E U A G N N N M E H S E
R D M M O I S G X I M R
O G A S S R A C A P W N
N E R P P I V M S I O A
O E W R V B E D X U S L
P N Y I E X D D L I F E
```

I WILL SET AN EXAMPLE

USING THE LINES ON THE NEXT PAGE, UNSCRAMBLE THE UNDERLINED WORDS BELOW. THEN FIND THEM IN THE WORD SEARCH PUZZLE.

"DON'T LET ANYONE LOOK <u>WDNO</u> ON YOU BECAUSE YOU ARE <u>NYGOU</u>, BUT SET AN <u>LEEXPAM</u> FOR THE <u>RBSEELVEI</u> IN <u>CSHEPE</u>, IN LIFE, IN LOVE, IN FAITH AND IN <u>TPYUIR</u>."

1 TIMOTHY 4:12

156

_____   _____

_____   _____

_____   _____

```
S O B B Q P E M U T P V
E G C E G P U R I T Y I
Y S T L N I H R E T Y J
O P K I B M X S I J S D
U B Y E T N T P B B T E
N R J V S E A E B M D E
G W E E J U V E E B O G
F P J R J G B C E N W O
J Q D S T O B H S S N S
T M E E X A M P L E E P
```

I WILL BE STRENGTHENED

FIND THE WORDS UNDERLINED BELOW IN THE WORD SEARCH ON THE NEXT PAGE.

"I <u>PRAY</u> THAT OUT OF HIS <u>GLORIOUS</u> <u>RICHES</u> HE MAY <u>STRENGTHEN</u> YOU WITH <u>POWER</u> THROUGH HIS <u>SPIRIT</u> IN YOUR <u>INNER</u> BEING, SO THAT CHRIST MAY DWELL IN YOUR <u>HEARTS</u> THROUGH FAITH. AND I PRAY THAT YOU, BEING <u>ROOTED</u> AND <u>ESTABLISHED</u> IN LOVE, MAY HAVE POWER, TOGETHER WITH ALL THE <u>SAINTS</u>, TO GRASP HOW WIDE AND LONG AND HIGH IS THE LOVE OF <u>CHRIST</u>."

EPHESIANS 3:16-18

```
P M Q C E V T N W I K L
F R G O Y C H E A R T S
S H A O N T C H R I S T
P D B Y S E K T R E H L
I E S T A B L I S H E D
R P T O R E S X R K U P
I Z L H V M A F O R L O
T A T I B K I S O R D W
R I C H E S N D T I T E
P L P F A N T L E P S R
T W R V B T S M D T K M
R S T R E N G T H E N B
W A D B A C H E R D Y I
G L O R I O U S T V N T
D A I N N E R I N H I L
```

WORD LIST

FIND THE WORDS LISTED BELOW IN THE
WORD SEARCH ON THE NEXT PAGE.

STUDY

SIGN

PROPHET

PROCLAIM

CLAIMS

SCRIPTURE

GENTILE

JEWS

ORIGIN

PASSAGES

TEACHING

```
S Y E C D A S O L G M P
T T L Z R P I C D E D R
K M U R J E G Q D N S O
A H S D P D N U T T B C
D A R G Y I B R N I S L
T E A C H I N G T L T A
E T M J V B M U D E N I
S C R I P T U R E G Q M
T J Z G G E H U M U U W
E U A G N B N M E J S B
P R O P H E T E X E E L
O G A C S R V C A W W R
C L A I M S C M S S O D
O S W P A S S A G E S X
M O R I G I N D H V R G
```

WORD LIST

FIND THE WORDS LISTED BELOW IN THE
WORD SEARCH ON THE NEXT PAGE.

ROOTED

LOCKED

EXIST

BUILT

PRISONERS

RANSOM

TAUGHT

SUPERVISION

CRUCIFIED

BLESSING

CURSE

REDEEM

```
E  X  I  S  T  S  T  A  U  G  H  T
T  F  L  Z  R  U  B  C  D  B  D  M
R  M  B  R  J  P  A  L  D  L  S  P
A  H  U  E  P  E  R  O  T  E  B  D
N  A  I  G  V  R  B  C  N  S  S  B
S  I  L  J  S  V  T  K  T  S  T  E
O  T  T  J  V  I  M  E  D  I  N  R
M  R  N  O  O  S  T  D  C  N  Q  R
T  J  Z  G  G  I  R  U  N  G  U  O
C  U  R  S  E  O  N  E  E  L  S  O
R  D  M  M  E  N  W  E  D  B  E  T
O  G  A  C  S  R  V  C  A  E  W  E
C  R  U  C  I  F  I  E  D  I  E  D
O  S  W  R  V  B  N  D  X  U  S  M
P  R  I  S  O  N  E  R  S  V  R  G
```

WORD LIST

FIND THE WORDS LISTED BELOW IN THE
WORD SEARCH ON THE NEXT PAGE.

DEFECT

FULL

BLOOD

PAYMENT

FREE

BORN

ABBA

WISDOM

AROUSED

BOUND

STUMBLES

CODE

```
C Y B L O O D O L M M A
T F L Z R P B C D S B M
K P A Y M E N T D B S P
A H S E P D R U A U B A
B A R G F I B R N W S R
O I N J U A O I T S T O
U T M J L B R U D H N U
N R N O L S N B D G Q S
D J S T U M B L E S U E
E F A G N B N M F L S D
R R M M E I W E E B E L
O E A C O D E C C D W R
N E L P P I C M T I O D
O S W R V B N D L U S X
W I S D O M J D H V R G
```

ASK YOURSELF

WHAT HAVE YOU LEARNED SO FAR? FIND OUT BY ANSWERING THE QUESTIONS BELOW.

1. WHAT WORK CAN A CHRISTIAN DO TO PLEASE GOD?

JOHN 6:28-29

_____

2. WHAT MUST A CHRISTIAN HAVE TO PLEASE GOD?

HEBREWS 11:6

_____

3. WHERE DOES MY FAITH COME FROM?

EPHESIANS 2:8-9

_____

4. WHAT DID JESUS SAY A CHRISTIAN WOULD HAVE IN THE WORLD?

JOHN 16:33

_____

5. IN WHAT DOES GOD WANT YOU TO PLACE YOUR FAITH?

1 JOHN 4:16

_____

6. WHAT DOES THE TESTING OF OUR FAITH DEVELOP?

JAMES 1:2-4

_____

FAITH IS. . .

FAITH IS BELIEVING SOMETHING TO BE TRUE. YET FAITH DOES NOT STOP THERE. THE BIBLE SAYS IN JAMES 2:17 THAT FAITH WITHOUT *ACTION* IS DEAD. SO OUR FAITH MUST HAVE AN ACTION BEHIND IT. IN EPHESIANS 2:8-9 THAT BIBLE SAYS THAT YOUR FAITH IS NOT FROM YOUR-SELF, IT IS A GIFT FROM GOD.

FAITH HAS AN OBJECT. IF YOU WERE GOING TO SIT ON A CHAIR, BY FAITH YOU BELIEVE AND TRUST THAT THE CHAIR WILL HOLD YOU UP WHEN YOU SIT DOWN. THE *ACTION* BEHIND YOUR FAITH IS YOUR CHOOSING TO SIT DOWN ON THE CHAIR.

AS CHRISTIANS, THE OBJECT OF OUR FAITH IS JESUS CHRIST. WE MAKE A CHOICE TO TRUST AND BELIEVE THAT WHAT THE BIBLE SAYS ABOUT HIM IS TRUE. BY FAITH WE TAKE ANOTHER STEP— WE PUT OUR TRUST IN JESUS.

WHAT DO WE TRUST IN? WE TRUST THAT JESUS IS THE SON OF GOD, THAT HE DIED ON THE CROSS FOR ALL OUR SINS, AND THE PRICE FOR OUR SINS HAS BEEN PAID IN FULL.

BUT THIS IS ONLY HALF OF THE TRUTH, AS JESUS DID NOT STOP THERE. JESUS NOT ONLY DIED, BUT HE ROSE AGAIN FROM THE DEAD SO THAT HE COULD GIVE US SPIRITUAL LIFE. *HIS LIFE*. WE ARE BORN AGAIN AND HAVE HIS LIFE LIVING IN US AND THROUGH US.

THE MOMENT WE INVITED JESUS INTO OUR LIVES, WE WERE BORN AGAIN SPIRI-TUALLY AND BECAME A NEW CREATION, A CHILD OF THE LIVING GOD.

HAVE YOU PUT YOUR *FAITH* IN JESUS CHRIST?

WHAT IS PRAYER?

SO MANY OF US MAKE PRAYER MORE DIFFICULT THAN IT NEEDS TO BE.

WE'RE ALWAYS WONDERING **WHEN** AND **HOW** WE SHOULD PRAY. SHOULD I PRAY ON MY KNEES OR WHILE I'M SITTING OR STANDING? SHOULD I PRAY IN PUBLIC OR SHOULD I PRAY IN PRIVATE? DO I PRAY FOR MY NEEDS OR THE NEEDS OF OTHERS? DO I PRAY CONSISTENTLY ABOUT SOMETHING OR DO I ASK ONLY ONCE AND TRUST THAT GOD WILL ANSWER?

WHAT SHOULD MY **ATTITUDE** BE WHEN I PRAY? WHAT DOES IT MEAN TO "PRAY IN THE SPIRIT"? DO I PRAY ACCORDING TO GOD'S WILL? **HOW DO I KNOW GOD'S WILL?**

TOO MANY OF US THINK THAT PRAYER IS A WAY TO GET WHAT WE WANT OR SOMETHING WE DO TO BE MORE SPIRITUAL. DO WE SEE GOD AS A "GREAT VENDING MACHINE IN THE SKY" OR DO WE REDUCE PRAYER TO A FORMULA TO FOLLOW SO THAT WE MAY APPROACH GOD?

TO ANSWER ALL THESE QUESTIONS, LET'S LOOK TO GOD AND HIS WORD. AS YOU GO THROUGH THIS BOOK, SIMPLY ASK GOD TO SHOW YOU *HIS* TRUTH ABOUT PRAYER!

BE FAITHFUL IN PRAYER

ROMANS 12:9–13

ACROSS

1. "LOVE MUST BE _____."
2. "HATE WHAT IS EVIL; _____ TO WHAT IS GOOD."
3. "BE DEVOTED TO ONE _____ IN BROTHERLY LOVE."
4. "HONOR ONE ANOTHER _____ YOURSELVES."

DOWN

1. "NEVER BE _____ IN ZEAL."
2. "BUT KEEP YOUR _____ FERVOR."
3. "_____ THE LORD."
4. "BE JOYFUL IN HOPE, PATIENT IN AFFLICTION, FAITHFUL IN _____."

173

DEVOTE YOURSELVES TO PRAYER

ACTS 2:42

USING THE UNDERLINED WORDS BELOW,
FILL IN THE BOXES ON THE NEXT PAGE.

"THEY <u>DEVOTED</u> <u>THEMSELVES</u> TO THE
<u>APOSTLES</u>' <u>TEACHING</u> AND TO <u>THE</u>
<u>FELLOWSHIP</u>, TO THE <u>BREAKING</u> OF <u>BREAD</u>
AND TO PRAYER."

WHAT DID JESUS DO?

USING THE WORDS LISTED BELOW, FILL IN THE BOXES ON THE NEXT PAGE.

HEALED
SPREAD
PLACES
PRAYED
HEAR
CROWDS

JESUS
WITHDREW
PEOPLE
NEWS
SICKNESSES
LONELY

HE PRAYED

MARK 1:34–35

ACROSS

1. "JESUS HEALED MANY WHO HAD _____ DISEASES."
2. "HE ALSO DROVE OUT _____ DEMONS."
3. "BUT ____ WOULD NOT LET THE DEMONS SPEAK."
4. "_____ THEY KNEW WHO HE WAS."

DOWN

1. "VERY _____ IN THE MORNING."
2. "_____ IT WAS STILL DARK."
3. "JESUS GOT UP, LEFT THE _____ AND WENT OFF."
4. "TO A SOLITARY _____, WHERE HE PRAYED."

SEEKING GOD'S DIRECTION

FROM: LUKE 6:12-16

<u>ACROSS</u>

1. "ONE OF THOSE DAYS JESUS WENT OUT TO A _____ TO PRAY."
2. "AND _____ THE NIGHT PRAYING TO GOD."
3. "WHEN _____ CAME, HE CALLED HIS DISCIPLES TO HIM."
4. "AND CHOSE _____ OF THEM."

<u>DOWN</u>

1. "WHOM HE ALSO DESIGNATED _____."
2. "_____ (WHOM HE NAMED PETER), HIS BROTHER ANDREW, JAMES, JOHN, PHILIP, BARTHOLOMEW, MATTHEW, THOMAS."
3. "_____ SON OF ALPHAEUS."
4. "SIMON WHO WAS CALLED THE _____, JUDAS SON OF JAMES, AND JUDAS ISCARIOT."

HE WAS ALONE

MATTHEW 14:22-23

ACROSS

1. "IMMEDIATELY JESUS MADE THE
   _____."
2. "GET _____ THE BOAT."
3. "AND GO ON _____ OF HIM TO THE
   OTHER SIDE."
4. "WHILE HE _____ THE CROWD."

DOWN

1. "AFTER HE HAD _____ THEM."
2. "HE WENT UP ON A _____ BY
   HIMSELF TO PRAY."
3. "WHEN _____ CAME."
4. "HE WAS _____ ALONE."

THE FATHER ALWAYS HEARS ME

JOHN 11:42–43

USING THE UNDERLINED WORDS BELOW,
FILL IN THE BOXES ON THE NEXT PAGE.

"'I <u>KNEW</u> THAT YOU <u>ALWAYS</u> HEAR ME, BUT
I SAID THIS FOR THE <u>BENEFIT</u> OF THE
<u>PEOPLE</u> <u>STANDING</u> HERE, THAT THEY MAY
<u>BELIEVE</u> THAT YOU <u>SENT</u> ME.'"

"<u>WHEN</u> HE HAD SAID THIS, <u>JESUS</u> <u>CALLED</u>
IN A LOUD VOICE, '<u>LAZARUS</u>, COME OUT!'"

HE GIVES ME WHAT I ASK FOR

JOHN 11:21-22

USING THE UNDERLINED WORDS BELOW,
FILL IN THE BOXES ON THE NEXT PAGE.

"'<u>LORD</u>,' <u>MARTHA</u> SAID TO <u>JESUS</u>, 'IF YOU
HAD <u>BEEN</u> <u>HERE</u>, MY <u>BROTHER</u> <u>WOULD</u> NOT
HAVE <u>DIED</u>. BUT I <u>KNOW</u> <u>THAT</u> <u>EVEN</u> NOW
<u>GOD</u> WILL GIVE YOU <u>WHATEVER</u> YOU <u>ASK</u>.'"

ASK YOURSELF

WHAT HAVE YOU LEARNED SO FAR? FIND OUT
BY ANSWERING THE QUESTIONS BELOW.

1. WHAT ARE WE TO DEVOTE
   OURSELVES TO?

   COLOSSIANS 4:2

   _____

2. WHAT ATTITUDES SHOULD WE HAVE
   WHEN WE PRAY?

   COLOSSIANS 4:2

   _____

3. WHAT ARE WE TO BE FAITHFUL IN?
   ROMANS 12:12

   _____

4. HOW LONG DID JESUS SPEND PRAYING TO HIS FATHER?

LUKE 6:12-13

_____

5. WHERE DID JESUS GO AFTER HE DISMISSED THE CROWDS?

MATTHEW 14:29

_____

6. WHY DID JESUS GO TO THE MOUNTAINSIDE?

MATTHEW 14:23

_____

THE LORD'S PRAYER

FROM: JOHN 17:2, 4-5

ACROSS

1. " '_____, THE TIME HAS COME.' "
2. " '_____ YOUR SON, THAT YOUR SON MAY GLORIFY YOU.' "
3. " 'FOR YOU GRANTED HIM AUTHORITY _____ ALL PEOPLE.' "
4. " 'THAT HE MIGHT GIVE _____ LIFE TO ALL THOSE YOU HAVE GIVEN HIM.' "

DOWN

1. " 'I HAVE BROUGHT YOU GLORY ON _____.' "
2. " 'BY _____ THE WORK YOU GAVE ME TO DO.' "
3. " 'AND NOW, FATHER, _____ ME IN YOUR PRESENCE.' "
4. " 'WITH THE GLORY I HAD WITH YOU BEFORE THE _____ BEGAN.' "

I PRAY FOR MY DISCIPLES

JOHN 17:6-8

ACROSS

1. "'I HAVE _____ YOU TO THOSE
   WHOM YOU GAVE ME OUT OF THE WORLD.'"
2. "'THEY WERE YOURS; YOU GAVE THEM TO ME
   AND THEY HAVE _____ YOUR WORD.'"
3. "'NOW THEY KNOW THAT _____.'"
4. "'YOU HAVE _____ ME COMES FROM
   YOU.'"

DOWN

1. "'FOR I _____ THEM THE WORDS YOU
   GAVE ME.'"
2. "'AND THEY _____ THEM.'"
3. "'THEY KNEW WITH _____
   THAT I CAME FROM YOU.'"
4. "'AND THEY BELIEVED THAT YOU _____
   ME.'"

193

PROTECT THEM

JOHN 17:11, 15

ACROSS

1. "'I WILL _____ IN THE WORLD NO LONGER.'"
2. "'BUT THEY ARE STILL IN THE _____, AND I AM COMING TO YOU.'"
3. "'HOLY FATHER, _____ THEM BY THE POWER OF YOUR NAME.'"
4. "'THE _____ YOU GAVE ME—SO THAT THEY MAY BE ONE AS WE ARE ONE.'"

DOWN

1. "'MY _____ IS NOT.'"
2. "'THAT YOU TAKE THEM OUT OF THE _____.'"
3. "'BUT _____ YOU PROTECT THEM.'"
4. "'FROM THE EVIL _____.'"

195

THAT THEY MAY HAVE MY JOY

USING THE WORDS LISTED BELOW, FILL
IN THE BOXES ON THE NEXT PAGE.

HATED   WORLD
MORE   MEASURE
THINGS   GIVEN
COMING   WORLD
FULL   STILL
JOY   WORD

SANCTIFY THEM

USING THE WORDS LISTED BELOW, FILL
IN THE BOXES ON THE NEXT PAGE.

SENT
SANCTIFIED
WORLD
TRULY
MYSELF
NOT

WORLD
EVEN
NOT
SANCTIFY
TRUTH
WORLD

UNITY WITH CHRIST

JOHN 17:21-23

ACROSS

1. "'MAY _____ ALSO BE IN US.'"
2. "'SO THAT THE WORLD MAY _____ THAT YOU HAVE SENT ME.'"
3. "'I HAVE GIVEN THEM THE _____ THAT YOU GAVE ME.'"
4. "'THAT THEY MAY BE _____ AS WE ARE ONE.'"

DOWN

1. "'I IN _____ AND YOU IN ME.'"
2. "'MAY THEY BE _____ TO COMPLETE UNITY.'"
3. "'TO LET THE WORLD KNOW THAT YOU SENT ME AND HAVE _____ THEM.'"
4. "'EVEN AS _____ HAVE LOVED ME.'"

TO BE WITH ME

USING THE WORDS LISTED BELOW, FILL
IN THE BOXES ON THE NEXT PAGE.

GLORY
BEFORE
TO
THOSE
WORLD
GIVEN

FATHER
WANT
BECAUSE
LOVED
WITH
CREATION

I WILL BE IN THEM

JOHN 17:25-26

ACROSS

1. "'_____ FATHER.'"
2. "'THOUGH THE WORLD _____ NOT KNOW YOU.'"
3. "'I _____ YOU.'"
4. "'AND THEY KNOW THAT YOU HAVE _____ ME.'"

DOWN

1. "'I HAVE MADE YOU _____ TO THEM.'"
2. "'AND WILL _____ TO MAKE YOU KNOWN.'"
3. "'IN ORDER THAT THE LOVE YOU HAVE FOR ME MAY BE IN THEM AND THAT I _____.'"
4. "'MAY BE IN _____.'"

ASK YOURSELF

WHAT HAVE YOU LEARNED SO FAR? FIND OUT
BY ANSWERING THE QUESTIONS BELOW.

1. WHAT DID JESUS ASK HIS FATHER
   TO DO?

   JOHN 17:1-2

_____

2. WHY DID JESUS WANT TO BE
   GLORIFIED?

   JOHN 17:1-2

_____

3. WHAT DID JESUS SAY ETERNAL LIFE
   WAS?

   JOHN 17:3

_____

4. WHO IS JESUS PRAYING FOR?

JOHN 17:20

_____

5. WHAT WAS JESUS' PRAYER FOR THOSE WHO BELIEVED?

JOHN 17:21-23

_____

6. WHAT DID JESUS WANT FOR THOSE THE FATHER HAD GIVEN HIM?

JOHN 17:24

_____

THRONE OF GRACE

HEBREWS 4:16

USING THE UNDERLINED WORDS BELOW,
FILL IN THE BOXES ON THE NEXT PAGE.

"LET US THEN APPROACH THE THRONE OF
GRACE WITH CONFIDENCE, SO THAT WE
MAY RECEIVE MERCY AND FIND GRACE TO
HELP US IN OUR TIME OF NEED."

MOST HOLY PLACE

HEBREWS 10:19–22

ACROSS

1. "THEREFORE, BROTHERS, SINCE WE HAVE
_____."
2. "TO ENTER THE _____ HOLY PLACE BY
THE BLOOD OF JESUS."
3. "BY A NEW AND _____ WAY OPENED
FOR US THROUGH THE CURTAIN."
4. "THAT IS, _____ BODY."

DOWN

1. "AND SINCE WE HAVE A GREAT
_____ OVER THE HOUSE OF GOD."
2. "LET US DRAW NEAR TO GOD WITH A
_____ HEART IN FULL ASSURANCE
OF FAITH."
3. "HAVING OUR HEARTS SPRINKLED TO
_____ US FROM A GUILTY
CONSCIENCE."
4. "AND HAVING OUR _____ WASHED
WITH PURE WATER."

211

BEFORE AND AFTER

USING THE WORDS LISTED BELOW, FILL
IN THE BOXES ON THE NEXT PAGE.

PHYSICAL   ENEMIES
ACCUSATION   ONCE
BEHAVIOR   PRESENT
EVIL   ALIENATED
BLEMISH   RECONCILED

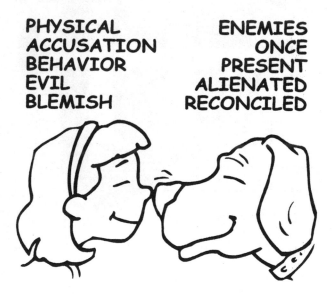

I AM HIS CHILD

JOHN 1:12–13

USING THE UNDERLINED WORDS BELOW,
FILL IN THE BOXES ON THE NEXT PAGE.

"YET TO ALL WHO <u>RECEIVED</u> HIM, TO THOSE
WHO <u>BELIEVED</u> IN HIS <u>NAME</u>, HE GAVE THE
RIGHT TO BECOME <u>CHILDREN</u> OF GOD—
CHILDREN BORN NOT OF <u>NATURAL</u> <u>DESCENT</u>,
NOR OF <u>HUMAN</u> <u>DECISION</u> OR A <u>HUSBAND'S</u>
WILL, BUT <u>BORN</u> OF GOD."

215

ABBA-DADDY

ROMANS 8:15–16

ACROSS

1. "FOR YOU DID NOT _____
   A SPIRIT."
2. "THAT MAKES YOU A _____ AGAIN
   TO FEAR."
3. "BUT YOU _____."
4. "THE SPIRIT OF _____."

DOWN

1. "AND BY HIM WE CRY, 'ABBA, _____.' "
2. "THE SPIRIT _____."
3. "_____ WITH OUR SPIRIT."
4. "THAT WE ARE GOD'S _____."

217

IN JESUS' NAME

USING THE WORDS LISTED BELOW, FILL
IN THE BOXES ON THE NEXT PAGE.

ENTERED
RECEIVE
FIGURATIVELY
BE
ANYTHING

JOY
WILL
WILL
COMPLETE
UNTIL

219

TEST YOURSELF

WHAT HAVE YOU LEARNED SO FAR? FIND OUT
BY ANSWERING THE QUESTIONS BELOW.

1. HOW   IS   GOD'S   THRONE
   DESCRIBED?

   HEBREWS 4:16

_____

2. HOW ARE WE TO APPROACH GOD?

   HEBREWS 4:16

_____

3. WHEN CAN WE GO TO GOD?

   HEBREWS 4:16

_____

4. WHAT WILL WE FIND WHEN WE GO
   TO GOD IN PRAYER?

HEBREWS 4:16

_____

5. DOES A SPIRIT OF FEAR COME FROM
   GOD?

ROMANS 8:15

_____

6. WHAT SPIRIT DO WE RECEIVE FROM
   GOD?

ROMANS 8:15

_____

LORD, TEACH US TO PRAY

LUKE 11:1

USING THE UNDERLINED WORDS BELOW, FILL IN THE BOXES ON THE NEXT PAGE.

"ONE DAY JESUS WAS <u>PRAYING</u> IN A <u>CERTAIN</u> <u>PLACE</u>. WHEN HE <u>FINISHED</u>, ONE OF HIS <u>DISCIPLES</u> SAID TO HIM, '<u>LORD</u>, <u>TEACH</u> US TO PRAY, JUST AS JOHN <u>TAUGHT</u> HIS <u>DISCIPLES</u>.'"

WHAT PRAYER IS NOT

MATTHEW 6:5–6

ACROSS

1. "'AND WHEN YOU PRAY, DO NOT BE LIKE THE
   _____.'"
2. "'FOR THEY LOVE TO PRAY STANDING IN
   THE _____ AND ON THE
   STREET CORNERS TO BE SEEN BY MEN.'"
3. "'I TELL YOU THE _____.'"
4. "'THEY HAVE _____ THEIR
   REWARD IN FULL.'"

DOWN

1. "'BUT WHEN YOU _____, GO INTO
   YOUR ROOM.'"
2. "'CLOSE THE DOOR AND PRAY TO YOUR
   FATHER, WHO IS _____.'"
3. "'THEN YOUR FATHER, WHO SEES WHAT IS
   DONE IN _____.'"
4. "'WILL _____ YOU.'"

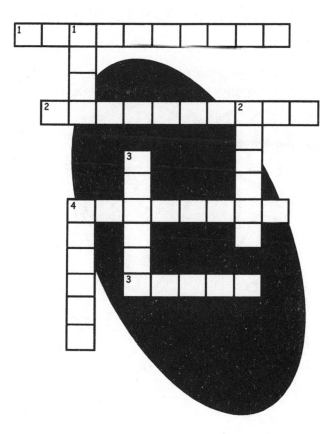

225

DO NOT KEEP ON BABBLING

USING THE WORDS LISTED BELOW, FILL IN THE BOXES ON THE NEXT PAGE.

HEARD
BABBLING
PRAY
BECAUSE
LIKE

ASK
THINK
BEFORE
PAGANS
FATHER

227

GOD HEARS MY PRAYER

FROM: JAMES 4:3, 7-8

ACROSS

1. "WHEN YOU ASK, _____ DO NOT RECEIVE."
2. "_____ YOU ASK WITH WRONG MOTIVES."
3. "THAT YOU MAY _____ WHAT YOU GET."
4. "ON YOUR _____."

DOWN

1. "SUBMIT _____, THEN, TO GOD."
2. "_____ THE DEVIL."
3. "AND HE WILL _____ FROM YOU."
4. "COME NEAR TO GOD AND HE WILL COME _____ TO YOU."

MY WORDS ARE IN YOU

JOHN 15:6-8

ACROSS

1. "'IF ANYONE DOES NOT _____ IN ME.'"
2. "'HE IS LIKE A BRANCH THAT IS _____ AWAY AND WITHERS.'"
3. "'SUCH _____ ARE PICKED UP.'"
4. "'THROWN INTO THE FIRE AND _____.'"

DOWN

1. "'IF YOU _____ IN ME AND MY WORDS REMAIN IN YOU.'"
2. "'ASK _____ YOU WISH, AND IT WILL BE GIVEN YOU.'"
3. "'THIS IS TO MY _____ GLORY.'"
4. "'THAT YOU BEAR MUCH FRUIT, _____ YOURSELVES TO BE MY DISCIPLES.'"

EVERY WORD OF GOD

USING THE WORDS LISTED BELOW, FILL
IN THE BOXES ON THE NEXT PAGE.

WORD   ANSWERED
MAN   GOD
MOUTH   JESUS
EVERY   WRITTEN
COMES   DOES
ON   BREAD

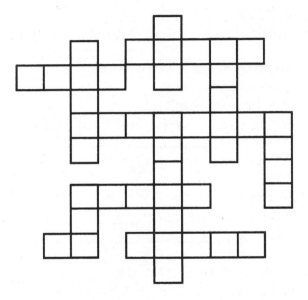

GOD'S WORD IS ENDURING

1 PETER 1:22–23

ACROSS

1. "NOW THAT YOU HAVE PURIFIED _____ BY OBEYING THE TRUTH."
2. "SO THAT YOU HAVE _____ LOVE FOR YOUR BROTHERS."
3. "_____ ONE ANOTHER DEEPLY."
4. "FROM THE _____."

DOWN

1. "FOR YOU HAVE BEEN _____ AGAIN."
2. "NOT OF _____ SEED."
3. "BUT OF _____."
4. "THROUGH THE LIVING AND _____ WORD OF GOD."

235

GOD'S WORD STANDS FOREVER

1 PETER 1:24-25

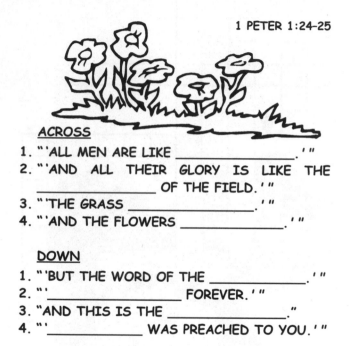

ACROSS

1. "'ALL MEN ARE LIKE _____.'"
2. "'AND ALL THEIR GLORY IS LIKE THE _____ OF THE FIELD.'"
3. "'THE GRASS _____.'"
4. "'AND THE FLOWERS _____.'"

DOWN

1. "'BUT THE WORD OF THE _____.'"
2. "'_____ FOREVER.'"
3. "AND THIS IS THE _____."
4. "'_____ WAS PREACHED TO YOU.'"

THE WORD OF CHRIST

USING THE UNDERLINED WORDS BELOW,
FILL IN THE BOXES ON THE NEXT PAGE.

"CONSEQUENTLY, FAITH COMES FROM
HEARING THE MESSAGE, AND THE MESSAGE
IS HEARD THROUGH THE WORD OF CHRIST."

DOUBLE-EDGED SWORD

USING THE WORDS LISTED BELOW, FILL
IN THE BOXES ON THE NEXT PAGE.

THOUGHTS   ACTIVE
HEART   EDGED
ATTITUDES   PENETRATES
SHARPER   MARROW
SOUL   JOINTS
DIVIDING   SWORD

GOD-BREATHED

FROM: 2 TIMOTHY 3:14–17

ACROSS

1. "BUT AS FOR YOU, CONTINUE IN WHAT YOU HAVE LEARNED AND HAVE BECOME _____ OF."

2. "BECAUSE YOU KNOW THOSE FROM WHOM YOU _____ IT."

3. "AND HOW FROM INFANCY YOU _____ KNOWN THE HOLY SCRIPTURES."

4. "WHICH ARE ABLE TO MAKE YOU _____ FOR SALVATION."

DOWN

1. "ALL _____ IS GOD-BREATHED AND IS USEFUL FOR TEACHING."

2. "REBUKING, CORRECTING AND TRAINING IN _____."

3. "SO THAT THE MAN OF GOD MAY BE THOROUGHLY _____."

4. "FOR _____ GOOD WORK."

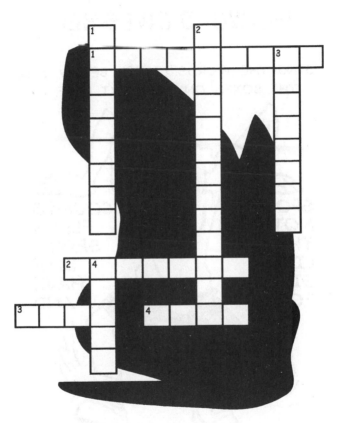

243

THE WORD GIVES HELP

USING THE WORDS LISTED BELOW, FILL IN THE BOXES ON THE NEXT PAGE.

SPOKEN
NOTHING
THEY
LIFE
GIVES
FOR

COUNTS
FLESH
SPIRIT
LIFE
HAVE
AND

ASK YOURSELF

WHAT HAVE YOU LEARNED SO FAR? FIND OUT
BY ANSWERING THE QUESTIONS BELOW.

1. HOW DID THE HYPOCRITES PRAY?
                    MATTHEW 6:5

_____

2. HOW DID JESUS TELL US TO PRAY?
                    MATTHEW 6:6

_____

3. WHAT WILL THE FATHER DO FOR
   THOSE WHO PRAY IN SECRET?
                    MATTHEW 6:6

_____

4. HOW DID THE PAGANS PRAY?

MATTHEW 6:7

_____

5. WHAT DO PAGANS THINK IT WILL TAKE FOR GOD TO HEAR THEM?

MATTHEW 6:7

_____

6. WHY ARE WE NOT TO BE LIKE THE PAGANS?

MATTHEW 6:8

_____

WHY PRAY?

PROVERBS 3:5–8

ACROSS

1. "TRUST IN THE LORD WITH ALL YOUR
   _____."
2. "AND _____ NOT ON YOUR OWN
   UNDERSTANDING."
3. "IN ALL YOUR WAYS _____
   HIM."
4. "AND HE WILL MAKE YOUR PATHS
   _____."

DOWN

1. "DO NOT BE WISE IN YOUR OWN _____."
2. "_____ THE LORD AND SHUN EVIL."
3. "THIS WILL BRING _____ TO YOUR
   BODY."
4. "AND _____ TO YOUR
   BONES."

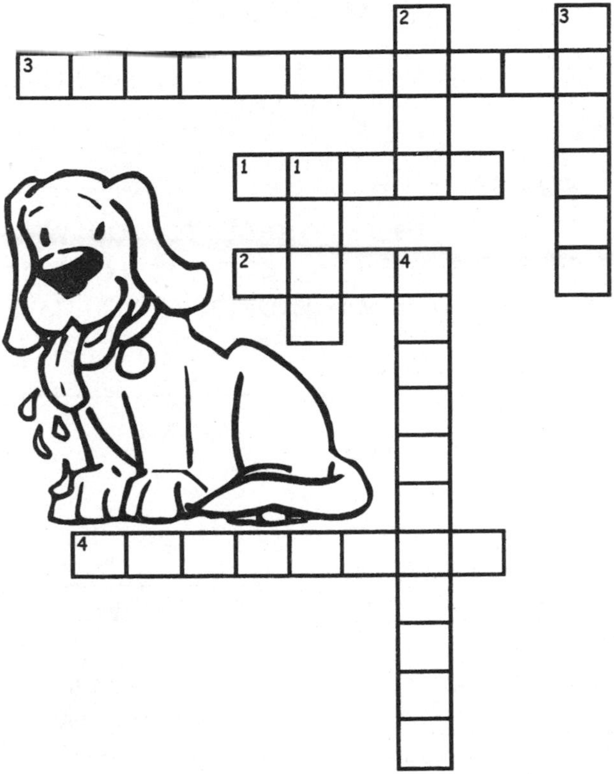
1
1
2
2
3
3
4
4

GOD'S WILL

1 JOHN 5:13–15

ACROSS

1. "I WRITE THESE THINGS TO YOU WHO BELIEVE IN THE _____ OF THE SON OF GOD."
2. "SO THAT YOU MAY KNOW THAT YOU HAVE _____ LIFE."
3. "THIS IS THE _____ WE HAVE."
4. "IN APPROACHING _____."

DOWN

1. "THAT IF WE ASK _____."
2. "_____ TO HIS WILL, HE HEARS US."
3. "AND IF WE _____ THAT HE HEARS US."
4. "_____ WE ASK—WE KNOW THAT WE HAVE WHAT WE ASKED OF HIM."

251

DON'T DO WHAT PAGANS DO

1 PETER 4:2-3

ACROSS

1. "AS A _____, HE DOES NOT LIVE."
2. "THE REST OF HIS _____ LIFE."
3. "FOR EVIL HUMAN _____."
4. "BUT RATHER FOR THE WILL OF _____."

DOWN

1. "FOR YOU HAVE _____ ENOUGH TIME IN THE PAST."
2. "DOING WHAT PAGANS _____ TO DO."
3. "LIVING IN _____, LUST, DRUNKENNESS."
4. "ORGIES, CAROUSING AND DETESTABLE _____."

253

THINGS ABOVE

COLOSSIANS 3:1–2

USING THE UNDERLINED WORDS BELOW,
FILL IN THE BOXES ON THE NEXT PAGE.

"SINCE, THEN, YOU HAVE BEEN <u>RAISED</u>
WITH <u>CHRIST</u>, SET YOUR <u>HEARTS</u> ON
<u>THINGS</u> <u>ABOVE</u>, WHERE <u>CHRIST</u> IS <u>SEATED</u>
AT THE <u>RIGHT</u> HAND OF GOD. <u>SET</u> YOUR
<u>MINDS</u> ON THINGS <u>ABOVE</u>, NOT ON
<u>EARTHLY</u> THINGS."

PERFECT AND PLEASING

ROMANS 1:1–2

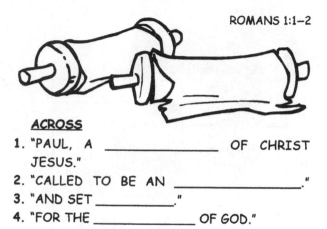

ACROSS

1. "PAUL, A _____ OF CHRIST JESUS."
2. "CALLED TO BE AN _____."
3. "AND SET _____."
4. "FOR THE _____ OF GOD."

DOWN

1. "THE GOSPEL HE _____."
2. "_____ THROUGH."
3. "HIS PROPHETS IN _____."
4. "HOLY _____."

257

HIS PURPOSE

USING THE WORDS LISTED BELOW, FILL
IN THE BOXES ON THE NEXT PAGE.

BLAMELESS	GOD
EVERYTHING	HIS
TO	SALVATION
ACT	OBEYED
PURPOSE	ARGUING
GOOD	ACCORDING

GOOD WORKS

EPHESIANS 2:8–10

USING THE UNDERLINED WORDS BELOW, FILL IN THE BOXES ON THE NEXT PAGE.

"FOR IT IS BY <u>GRACE</u> YOU HAVE BEEN SAVED, <u>THROUGH</u> <u>FAITH</u>—AND THIS NOT <u>FROM</u> YOURSELVES, IT IS THE <u>GIFT</u> OF GOD—NOT BY WORKS, SO THAT NO ONE CAN <u>BOAST</u>. FOR WE ARE GOD'S <u>WORKMANSHIP</u>, <u>CREATED</u> IN <u>CHRIST</u> JESUS TO DO GOOD WORKS, WHICH GOD <u>PREPARED</u> IN <u>ADVANCE</u> <u>FOR</u> US TO DO."

HELP IN MY WEAKNESS

ROMANS 8:26–27

ACROSS

1. "IN THE SAME WAY, THE SPIRIT HELPS US IN OUR _____."
2. "WE DO NOT KNOW WHAT WE _____ TO PRAY FOR."
3. "BUT THE _____ HIMSELF INTERCEDES FOR US."
4. "WITH GROANS THAT WORDS _____ EXPRESS."

DOWN

1. "AND HE WHO _____ OUR HEARTS."
2. "KNOWS THE MIND OF THE _____."
3. "BECAUSE THE SPIRIT INTERCEDES FOR THE _____."
4. "_____ ACCORDANCE WITH GOD'S WILL."

ASK YOURSELF

WHAT HAVE YOU LEARNED SO FAR? FIND OUT
BY ANSWERING THE QUESTIONS BELOW.

1. WHAT IS THE CONFIDENCE WE HAVE
   IN APPROACHING GOD?

   1 JOHN 5:14-15

   _____

2. ON WHAT ARE WE TO SET OUR
   HEARTS?

   COLOSSIANS 3:1

   _____

3. ON WHAT ARE WE TO SET OUR
   MINDS?

   COLOSSIANS 3:2

   _____

4. IN VIEW OF GOD'S MERCY, WHAT DOES PAUL URGE US TO DO?

ROMANS 12:1

_____

5. WHAT IS IT CALLED WHEN WE OFFER OUR BODIES AS LIVING SACRIFICES?

ROMANS 12:1

_____

6. BY THE RENEWING OF OUR MINDS, WHAT WILL WE BE ABLE TO DISCERN, TEST, AND APPROVE?

ROMANS 12:2

_____

GIVING THANKS

1 THESSALONIANS 5:16-22

ACROSS

1. "BE _____ ALWAYS."
2. "PRAY _____."
3. "GIVE _____ IN ALL CIRCUMSTANCES."
4. "FOR THIS IS GOD'S WILL FOR YOU IN _____ JESUS."

DOWN

1. "DO NOT PUT _____ THE SPIRIT'S FIRE."
2. "DO NOT TREAT PROPHECIES WITH _____."
3. "TEST _____. HOLD ON TO THE GOOD."
4. "_____ EVERY KIND OF EVIL."

267

HUMBLE DEEDS

JAMES 3:13-16

USING THE UNDERLINED WORDS BELOW, FILL IN THE BOXES ON THE NEXT PAGE.

"WHO IS WISE AND <u>UNDERSTANDING</u> AMONG YOU? LET HIM SHOW IT BY HIS GOOD LIFE, BY DEEDS DONE IN THE <u>HUMILITY</u> THAT COMES FROM WISDOM. BUT IF YOU HARBOR <u>BITTER</u> ENVY AND <u>SELFISH</u> AMBITION IN YOUR HEARTS, DO NOT <u>BOAST</u> ABOUT IT OR DENY THE TRUTH. SUCH 'WISDOM' DOES NOT COME <u>DOWN</u> FROM HEAVEN BUT IS EARTHLY, <u>UNSPIRITUAL</u>, OF THE DEVIL. FOR WHERE YOU HAVE ENVY AND SELFISH AMBITION, THERE YOU FIND <u>DISORDER</u> AND EVERY <u>EVIL</u> <u>PRACTICE</u>."

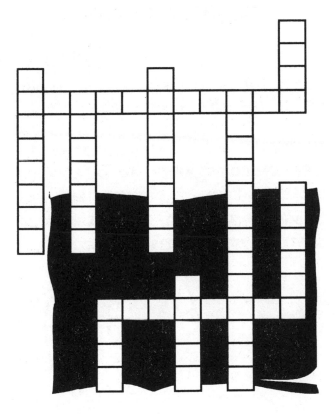

269

BE DEPENDENT

ROMANS 12:1

USING THE UNDERLINED WORDS BELOW, FILL IN THE BOXES ON THE NEXT PAGE.

"<u>THEREFORE</u>, I URGE YOU, <u>BROTHERS</u>, IN <u>VIEW</u> OF GOD'S <u>MERCY</u>, TO <u>OFFER</u> YOUR BODIES AS LIVING <u>SACRIFICES</u>, <u>HOLY</u> AND <u>PLEASING</u> TO GOD—THIS IS YOUR <u>SPIRITUAL</u> <u>ACT</u> <u>OF</u> <u>WORSHIP</u>."

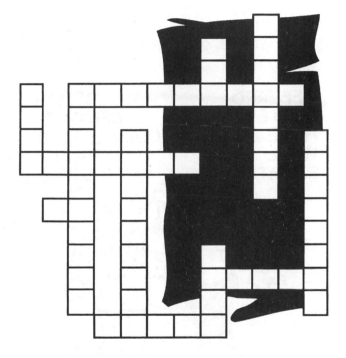

BE CONFIDENT

USING THE WORDS LISTED BELOW, FILL
IN THE BOXES ON THE NEXT PAGE.

OFFERED
BETTER
HOPE
WELL
RIGHTEOUS

BEING
CERTAIN
COMMENDED
FAITH
STILL

PRAISE HIM

HEBREWS 13:15–16

ACROSS

1. "THROUGH JESUS, _____."
2. "LET US CONTINUALLY OFFER TO GOD A _____ OF PRAISE."
3. "THE FRUIT OF _____."
4. "THAT _____ HIS NAME."

DOWN

1. "AND DO _____ FORGET."
2. "TO DO GOOD AND TO _____ WITH OTHERS."
3. "FOR WITH SUCH _____."
4. "GOD IS _____."

IN THE SPIRIT

USING THE UNDERLINED WORDS BELOW,
FILL IN THE BOXES ON THE NEXT PAGE.

"AND <u>PRAY</u> IN THE <u>SPIRIT</u> ON ALL
<u>OCCASIONS</u> WITH <u>ALL</u> KINDS OF <u>PRAYERS</u>
AND <u>REQUESTS</u>. WITH <u>THIS</u> IN MIND, BE
<u>ALERT</u> AND <u>ALWAYS</u> <u>KEEP</u> ON <u>PRAYING</u> FOR
ALL THE <u>SAINTS</u>."

PRAY FOR OTHERS

ROMANS 1:9–10

ACROSS

1. "GOD, WHOM I SERVE WITH MY WHOLE
   _____."
2. "IN _____ THE GOSPEL
   OF HIS SON."
3. "IS _____ WITNESS HOW CONSTANTLY."
4. "I _____ YOU."

DOWN

1. "IN MY _____ AT ALL TIMES."
2. "AND I _____ THAT NOW AT LAST."
3. "BY GOD'S WILL THE WAY MAY BE
   _____."
4. "FOR ME TO _____ TO YOU."

279

ASK YOURSELF

WHAT HAVE YOU LEARNED SO FAR? FIND OUT BY ANSWERING THE QUESTIONS BELOW.

1. IN WHAT CIRCUMSTANCES ARE WE TO GIVE THANKS?

1 THESSALONIANS 5:18

_____

2. WHAT IS GOD'S WILL?

1 THESSALONIANS 5:18

_____

3. WHEN WE GIVE THANKS, WHO IS OUR FOCUS TO BE ON?

1 THESSALONIANS 5:18

_____

4. WHEN WE ARE THANKING GOD, WHOSE NAME DO WE DO IT IN?

EPHESIANS 5:20

_____

5. WHO DO WE GO THROUGH TO PRAY TO GOD?

HEBREWS 13:15

_____

6. WHERE IS OUR FOCUS WHEN WE ARE PRAISING GOD?

HEBREWS 13:15

_____

ASK FOR WISDOM

JAMES 1:5

USING THE UNDERLINED WORDS BELOW,
FILL IN THE BOXES ON THE NEXT PAGE.

"IF ANY OF YOU <u>LACKS</u> <u>WISDOM</u>, HE <u>SHOULD</u>
ASK GOD, WHO <u>GIVES</u> <u>GENEROUSLY</u> TO ALL
<u>WITHOUT</u> <u>FINDING</u> <u>FAULT</u>, AND IT <u>WILL</u> BE
<u>GIVEN</u> TO HIM."

MIND OF CHRIST

USING THE WORDS LISTED BELOW, FILL
IN THE BOXES ON THE NEXT PAGE.

FOOLISHNESS   MIND
HIMSELF   INSTRUCT
LORD   SPIRITUAL
UNDERSTAND   CHRIST
HAVE   BUT

OBEDIENT TO CHRIST

2 CORINTHIANS 10:3–5

USING THE UNDERLINED WORDS BELOW, FILL IN THE BOXES ON THE NEXT PAGE.

"FOR THOUGH <u>WE</u> LIVE IN THE <u>WORLD</u>, WE DO NOT <u>WAGE</u> WAR AS THE WORLD DOES. THE WEAPONS WE FIGHT <u>WITH</u> ARE NOT THE <u>WEAPONS</u> OF THE WORLD. ON THE CONTRARY, THEY <u>HAVE</u> DIVINE <u>POWER</u> TO DEMOLISH <u>STRONGHOLDS</u>. WE DEMOLISH ARGUMENTS AND EVERY <u>PRETENSION</u> THAT SETS ITSELF UP AGAINST THE KNOWLEDGE OF GOD, AND WE TAKE <u>CAPTIVE</u> EVERY <u>THOUGHT</u> TO MAKE IT <u>OBEDIENT</u> TO CHRIST."

HEAVENLY WISDOM

JAMES 3:14–16

ACROSS

1. "BUT IF YOU _____ BITTER ENVY."
2. "AND _____ AMBITION IN YOUR HEARTS."
3. "DO NOT BOAST ABOUT _____."
4. "OR DENY THE _____."

DOWN

1. "SUCH 'WISDOM' DOES NOT COME DOWN FROM _____."
2. "BUT IS EARTHLY, _____, OF THE DEVIL."
3. "_____ WHERE YOU HAVE ENVY AND SELFISH AMBITION."
4. "THERE YOU FIND DISORDER AND EVERY EVIL _____."

289

DO NOT BE ANXIOUS

PHILIPPIANS 4:4–7

ACROSS

1. "_____ IN THE LORD ALWAYS."
2. "I WILL SAY IT AGAIN: _____!"
3. "LET YOUR _____ BE EVIDENT TO ALL."
4. "THE LORD IS _____." "

DOWN

1. "DO NOT BE ANXIOUS ABOUT ANYTHING, BUT IN _____."
2. "BY PRAYER AND PETITION, WITH THANKSGIVING, _____ YOUR REQUESTS TO GOD."
3. "AND THE PEACE OF GOD, WHICH _____ ALL UNDERSTANDING."
4. "WILL GUARD YOUR HEARTS AND YOUR MINDS IN CHRIST _____."

291

DO NOT WORRY

USING THE WORDS LISTED BELOW, FILL
IN THE BOXES ON THE NEXT PAGE.

THEREFORE   SHALL
ABOUT   DAY
RIGHTEOUSNESS   AS
TROUBLE   WORRY
HEAVENLY   PAGANS
NOT   DO

GOD CARES FOR ME

1 PETER 5:6–7

USING THE UNDERLINED WORDS BELOW,
FILL IN THE BOXES ON THE NEXT PAGE.

"HUMBLE YOURSELVES, THEREFORE, UNDER
GOD'S MIGHTY HAND, THAT HE MAY LIFT
YOU UP IN DUE TIME. CAST ALL YOUR
ANXIETY ON HIM BECAUSE HE CARES FOR
YOU."

ASK, SEEK, KNOCK

USING THE UNDERLINED WORDS BELOW,
FILL IN THE BOXES ON THE NEXT PAGE.

"'<u>ASK</u> AND IT WILL BE <u>GIVEN</u> TO YOU; <u>SEEK</u>
AND YOU WILL <u>FIND</u>; <u>KNOCK</u> AND THE <u>DOOR</u>
WILL BE OPENED TO YOU. FOR <u>EVERYONE</u>
WHO <u>ASKS</u> <u>RECEIVES</u>; HE WHO <u>SEEKS</u>
<u>FINDS</u>; AND TO HIM WHO <u>KNOCKS</u>, THE
DOOR WILL BE OPENED.'"

297

GO TO GOD

MATTHEW 11:28–30

ACROSS

1. "'COME TO ME, ALL YOU WHO ARE WEARY AND _____.'"
2. "'AND I WILL GIVE YOU _____.'"
3. "'TAKE MY YOKE _____ YOU.'"
4. "'AND _____ FROM ME.'"

DOWN

1. "'FOR I AM GENTLE AND _____ IN HEART.'"
2. "'AND YOU WILL FIND REST FOR YOUR _____.'"
3. "'FOR MY _____ IS EASY.'"
4. "'AND MY _____ IS LIGHT.'"

ASK YOURSELF

WHAT HAVE YOU LEARNED SO FAR? FIND OUT
BY ANSWERING THE QUESTIONS BELOW.

1. WHAT ARE WE NOT TO BE ANXIOUS
   ABOUT?

   PHILIPPIANS 4:6–7

   _____

2. WHAT SHOULD WE BRING TO GOD?

   PHILIPPIANS 4:6–7

   _____

3. WHAT DOES THE PEACE OF GOD
   GUARD IN OUR LIVES?

   PHILIPPIANS 4:6–7

   _____

4. WHAT ARE WE TO DO WHEN WE ARE ANXIOUS?

1 PETER 5:7

_____

5. WHY CAN WE DO THIS?

1 PETER 5:7

_____

6. WHO IS THE TRUE SOURCE OF EVERYTHING WE NEED?

MATTHEW 6:31-34

_____

CALL TO GOD

USING THE WORDS LISTED BELOW, FILL
IN THE BOXES ON THE NEXT PAGE.

ABUNDANT   ANSWER
CALL   SECOND
UNSEARCHABLE HEAL
THINGS   GOD
GREAT   KNOW

THE FATHER

JAMES 1:16–18

ACROSS

1. "DON'T BE _____, MY DEAR BROTHERS."
2. "EVERY GOOD AND _____ GIFT IS FROM ABOVE."
3. "COMING DOWN FROM THE _____ OF THE HEAVENLY LIGHTS."
4. "WHO DOES NOT CHANGE LIKE _____ SHADOWS."

DOWN

1. "HE _____ TO GIVE US BIRTH."
2. "_____ THE WORD OF TRUTH."
3. "THAT WE MIGHT BE A KIND OF _____."
4. "OF ALL ____ CREATED."

MY ATTITUDE

PHILIPPIANS 2:5–8

ACROSS

1. "YOUR _____ SHOULD BE THE SAME AS THAT OF CHRIST JESUS."
2. "WHO, BEING IN VERY _____ GOD."
3. "DID NOT _____ EQUALITY WITH GOD."
4. "_____ TO BE GRASPED."

DOWN

1. "BUT MADE HIMSELF NOTHING, TAKING THE VERY _____ OF A SERVANT."
2. "BEING MADE IN HUMAN _____."
3. "AND BEING FOUND IN APPEARANCE AS A MAN, HE HUMBLED _____."
4. "AND BECAME _____ TO DEATH—EVEN DEATH ON A CROSS!"

WAIT FOR THE LORD

USING THE WORDS LISTED BELOW, FILL
IN THE BOXES ON THE NEXT PAGE.

WAIT
STRAIGHT
STRONG
TAKE
LORD
DESIRE

LIVING
HEART
LAND
BREATHING
GOODNESS
OVER

309

MORE THAN I CAN IMAGINE

EPHESIANS 3:20-21

USING THE UNDERLINED WORDS BELOW,
FILL IN THE BOXES ON THE NEXT PAGE.

"NOW TO <u>HIM</u> WHO IS <u>ABLE</u> TO DO <u>IMMEASURABLY</u> MORE THAN ALL WE ASK OR <u>IMAGINE</u>, ACCORDING TO HIS <u>POWER</u> THAT IS AT WORK <u>WITHIN</u> US, TO HIM BE <u>GLORY</u> <u>IN</u> THE CHURCH AND IN <u>CHRIST</u> JESUS <u>THROUGHOUT</u> ALL <u>GENERATIONS</u>, FOR EVER AND <u>EVER</u>! AMEN."

HE WILL DO IT

JOHN 14:13–14

"'AND I WILL DO WHATEVER YOU ASK IN MY NAME, SO THAT THE SON MAY BRING GLORY TO THE FATHER. YOU MAY ASK ME FOR ANYTHING IN MY NAME, AND I WILL DO IT.'"

HOPE

ROMANS 15:1–4

ACROSS

1. "WE WHO ARE STRONG OUGHT TO BEAR WITH THE FAILINGS OF THE WEAK AND NOT TO PLEASE _____."
2. "EACH OF US SHOULD PLEASE HIS _____ FOR HIS GOOD, TO BUILD HIM UP."
3. "FOR EVEN CHRIST DID NOT PLEASE HIMSELF BUT, AS IT IS _____."
4. "'THE INSULTS OF THOSE WHO INSULT YOU HAVE _____ ON ME.'"

DOWN

1. "FOR _____ THAT WAS WRITTEN IN THE PAST."
2. "WAS _____ TO TEACH US."
3. "SO THAT THROUGH ENDURANCE AND THE _____ OF THE SCRIPTURES."
4. "WE _____ HAVE HOPE."

ABRAHAM

GENESIS 12:1–3

ACROSS

1. "THE LORD HAD SAID TO _____."
2. "'LEAVE YOUR COUNTRY, YOUR PEOPLE AND YOUR _____ HOUSEHOLD AND GO TO THE LAND I WILL SHOW YOU.'"
3. "'I WILL MAKE YOU INTO A GREAT _____.'"
4. "'AND I _____ BLESS YOU.'"

DOWN

1. "'I WILL MAKE YOUR NAME _____.'"
2. "'AND YOU WILL BE A _____.'"
3. "'I WILL BLESS THOSE WHO BLESS YOU, AND WHOEVER CURSES YOU I _____ CURSE.'"
4. "'AND ALL PEOPLES ON EARTH _____ BE BLESSED THROUGH YOU.'"

MOSES

USING THE WORDS LISTED BELOW, FILL
IN THE BOXES ON THE NEXT PAGE.

TELLING   FAVOR
MOSES   FAVOR
NAME   SEND
CONTINUE   WITH
LEAD   REMEMBER
TEACH   PLEASED

PAUL

EPHESIANS 3:16–18

ACROSS

1. "I PRAY THAT OUT OF HIS _____ RICHES."
2. "HE MAY _____ YOU."
3. "WITH _____ THROUGH HIS SPIRIT IN YOUR INNER BEING."
4. "SO THAT CHRIST MAY DWELL IN YOUR HEARTS _____ FAITH."

DOWN

1. "AND I PRAY THAT YOU, BEING ROOTED AND _____ IN LOVE."
2. "MAY HAVE POWER, _____ WITH ALL THE SAINTS."
3. "TO GRASP HOW WIDE AND LONG AND HIGH AND _____."
4. "IS _____ LOVE OF CHRIST."

ASKING OTHERS TO PRAY

COLOSSIANS 4:3–4

USING THE UNDERLINED WORDS BELOW, FILL IN THE BOXES ON THE NEXT PAGE.

"<u>AND</u> PRAY FOR <u>US</u>, TOO, THAT <u>GOD</u> <u>MAY</u> OPEN A DOOR FOR OUR <u>MESSAGE</u>, SO THAT WE <u>MAY</u> PROCLAIM THE <u>MYSTERY</u> OF <u>CHRIST</u>, FOR WHICH I AM IN <u>CHAINS</u>. PRAY THAT I MAY <u>PROCLAIM</u> IT <u>CLEARLY</u>, AS I <u>SHOULD</u>."

ASK YOURSELF

WHAT HAVE YOU LEARNED SO FAR? FIND OUT BY ANSWERING THE QUESTIONS BELOW.

1. WHEN WE WORRY ABOUT THINGS, WHERE IS OUR FOCUS?

MATTHEW 6:31-34

_____

2. WHAT ARE WE TO BE SEEKING AFTER?

MATTHEW 6:33

_____

3. CAN WE COUNT ON GOD TO MEET ALL OUR NEEDS?

JOHN 14:13-14

_____

4. WHAT DOES JESUS TELL US TO DO?
MATTHEW 7:7

_____

5. WILL GOD GIVE US ANYTHING BAD WHEN WE ASK HIM FOR THINGS?
MATTHEW 7:11

_____

6. IN WHAT SITUATIONS ARE WE TO PRAY IN THE SPIRIT?
EPHESIANS 6:18

_____

FAITHFUL IN PRAYER

USING THE WORDS LISTED BELOW, FILL
IN THE BOXES ON THE NEXT PAGE.

PATIENT
PRACTICE
AFFLICTION
HOSPITALITY
FAITHFUL

PEOPLE
SHARE
JOYFUL
WITH
PRAYER

GOD CREATED

1 TIMOTHY 4:4–6

ACROSS

1. "FOR EVERYTHING GOD _____ IS GOOD."
2. "AND NOTHING IS TO BE REJECTED IF IT IS RECEIVED WITH _____."
3. "_____ IT IS CONSECRATED."
4. "BY _____ WORD OF GOD AND PRAYER."

DOWN

1. "IF YOU POINT THESE THINGS OUT TO THE _____."
2. "YOU WILL BE A GOOD _____ OF CHRIST JESUS."
3. "BROUGHT UP IN THE _____ OF THE FAITH."
4. "AND OF THE GOOD _____ THAT YOU HAVE FOLLOWED."

329

EYES OF THE LORD

1 PETER 3:12

USING THE UNDERLINED WORDS BELOW,
FILL IN THE BOXES ON THE NEXT PAGE.

"'FOR THE <u>EYES</u> OF THE <u>LORD</u> ARE ON THE
<u>RIGHTEOUS</u> AND <u>HIS</u> <u>EARS</u> ARE <u>ATTENTIVE</u>
TO <u>THEIR</u> <u>PRAYER</u>, <u>BUT</u> THE <u>FACE</u> OF THE
LORD IS <u>AGAINST</u> <u>THOSE</u> WHO DO EVIL.'"

ASK YOURSELF

WHAT HAVE YOU LEARNED SO FAR? FIND OUT
BY ANSWERING THE QUESTIONS BELOW.

1. WHAT ARE WE TO PRAY ABOUT?
                        EPHESIANS 6:18

_____

2. WHO ARE WE TO PRAY FOR?
                        EPHESIANS 6:18

_____

3. WHEN WE PRAY FOR OTHERS, WHO
   ARE WE NOT THINKING OF?
                        PHILIPPIANS 2:2

_____

4. WHAT DID PAUL URGE TIMOTHY TO DO?

1 TIMOTHY 2:1

_____

5. WHAT LEADERS SHOULD WE PRAY FOR?

1 TIMOTHY 2:2

_____

6. WHY ARE WE TO PRAY FOR OUR LEADERS?

1 TIMOTHY 2:2

_____

PRAYER IS...

SO... WHAT IS PRAYER? IT IS **TALKING** WITH GOD, WITH OUR HEAVENLY FATHER WHO LOVES US.

PRAYER IS ABOUT GOING TO GOD AND TALKING WITH HIM ABOUT WHAT IS GOING ON IN OUR DAILY LIVES. WE CAN TALK TO HIM ABOUT EVERYTHING, AND NEVER DO WE HAVE TO HIDE ANYTHING OR THINK THAT THERE ARE SOME THINGS WE CAN'T BRING TO HIM.

GOD ANSWERS **ALL** OUR PRAYERS. THE ANSWER MAY BE "YES" OR IT MAY BE "NO." AT OTHER TIMES, THE ANSWER COULD BE "WAIT."

PRAYER IS NOT ABOUT US JUST TALK-
ING TO GOD—WE MUST ALSO LEARN TO
LISTEN AS GOD SPEAKS TO US THROUGH
HIS SPIRIT AND HIS WORD.

NO MATTER HOW THE LORD ANSWERS
OUR PRAYERS, WE CAN ALWAYS BE SURE
THAT HE HAS OUR BEST INTERESTS
IN MIND. HE IS OUR LOVING FATHER
WHO FAITHFULLY TAKES CARE OF HIS
CHILDREN, AND HE *ALWAYS* HEARS US
AND *ALWAYS* ANSWERS ACCORDING TO
HIS WILL AND PURPOSE FOR OUR LIVES.

PRAYER ISN'T SO CONFUSING AFTER
ALL, IS IT? IT IS SIMPLY TALKING AND
LISTENING TO YOUR BEST FRIEND. . .THE
ONE WHO LOVES YOU AND WANTS *ONLY*
THE VERY BEST FOR YOU.

FOR YOU. . .HIS CHILD!

Word Search Answers

```
G W F A T H E R P W B K
Q O K P D H J Q R D E G
W T D G W J P Y H P G L
Y H F D H Y F H G Y I T
S T W R K P Q G S H N R
G L O R Y D T P F D N D
R D N H Y Q D K D Q I W
A Q E R T F F T P G N K
C O H D W E L L I N G Z
E N T G T Q E W Y K P T
P E F S P D S F G H Y J
R F D D Q H H G Q H S H
D Q R G H K Y W J S F S
Y O Y T F S G T H J W P
W W H F Q T R U T H T K
```

```
V X V L C K V J H M D H
B O L H N G F N K F A C
N K I M J C V L G N F Z
V L S C Z Z X H D H J D
X C T J E M J K S C X V
B K E H S H E E P L N J
L H N G B G B F M K F P
Z Z V K M X M J G N S E
C X M X C Z H V X G D R
S J N G Z F B X D V B I
N H L K L I F E C N K S
A N B L C H Z M N L D H
T J M F K N D F Z V V L
C Z G F O L L O W C Z G
H M F B D F B G B L J H
```

```
S R P S E H A L L T E U
E G E J O A F W O R D L
R R R T H N J F Z U R D
V Q A X D B E L T R T
A M L C C B M V R H I S
B R I P A E B I D H P T
T E R R V A N J L I T S
F T G L O R Y D M L D N
J K H R B J E S I F A
T Y C N N E F L E S H T
O V O E R N C K T K C
G E O U J S I Q I E B H
S J N I D V S N N N S L
P D B O C C T A G U H W
B E T P D E D E E K O B
```

C L E A N S E O L M M Y
T F L Z R P B C D S D M
K M J R C E T R E A T P
A H S E U D R U T U B D
D F E A R I B R N W S B
M I N J T A P R I E S T
G T M J A B M U D H N R
U R N O I S T B C G Q S
I J Z G N E H U L U U O
L U A G N B N M O L S N
T D M M E I W E T B E S
Y G A C S P V C H X W H
N E L P P U C M E I O I
O S W R V R N D X U S P
M N E A R E J D H V R G

CONTINUED   YOU

BELOW   ABOVE

WORLD   THIS

W B N R J I S E A D E B
O D T W E R J U V O S N
R R F P J O J G B R V A
L Y J Q D H T O B U C A
D C O N T I N U E D T O
F S O B P Q P E L E A V
Z E G C E G R O O A F E
X R U T A N I H W B J S
C O P K T H I S Y B B T
Y A B Y L T N T D E M D

HEAVEN   SENT

LOSE   GIVEN

RAISE   BELIEVES

L V P K A B M X Y B B T
K A B E L I E V E S M D
J N R J I S E A D E B L
H T W E R A I S E S N B
E F P J O J G B R V S F
A J Q D N T O B U C E E
V T M E C C P L B T N V
E O V P Q P E O E A T I
N I C E G R O S A F Q J
G S T A N I H E B J S D

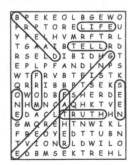

B P E K E O L B G E W O
A R P T O R E L I F E U
Y F E H V M R F T R L
T G A A T B T E L L R D
R S E D I B I D H G T
E P L P F A N D L N P S
W T F R V B T F I S T K
Q R R I B B P T S E K S
O W O D B F S H E R D E
N H W N C A Q H K T V E
E D A C L T R U T H H N
G M O R E H T N W I K L
F R E O Y E D T T U B N
T V I O N R L D W I L O
E D B M S E K T R E H L

PG. 25   **PGS. 26–27**

ASK YOURSELF
ANSWERS

1. THE WORD WAS IN THE BEGINNING.

2. THE WORD WAS WITH GOD.

3. JESUS WAS THE WORD.

4. JESUS WAS FROM HEAVEN.

5. HE IS THE FATHER'S SON.

6. GOD, THE SON.

PG.29

JESUS	CRIED
BELIEVES	SENT
LOOKS	SEES

```
C O B P Q P E R E A C I
E R C E G R O J A F Q J
R S I A N I H S E N T D
V P R E B M E Y B B T E
S B Y L D V T D E M D E
E R J I E E A J E B L G
E W E I J U V O E N B O
S P L O J G B R V S F S
J E D H T O B U C J U P
B M E C L O O K S P V S
```

PG.31

ANSWERED	WAY
COMES	REALLY
NOW	KNOW

```
S O B P Q P E K N O W I
E G C E G R O J A F Q J
R W A Y N I H D B J S D
V P K A B M E Y B B T E
A B Y L T R T D E M D C
N R J I E E A N O W L O
T W F W J U V O S N B M
F P S O R E A L L Y F E
J N D H T O B U C J E S
A M E C C P L B T P V E
```

PG.33

```
N D G R B B P A T R E O
G M I E B A C C G E W L
F R B A C E Q C X S K O
T H K S R S I O F T R V
O D T O E V T R S S R E
P L L N Y C D D D H I S
H A U T H O R I T Y P T
F Y L H S E K C M S T A
G L P U O L B F S L K K
S W R O R E L E E I D E
R E C E I V E D K F V S
T A D I B K V T I E H I
R H N T I B I N W I K L
W A C O M M A N D U B N
H Q R V B T A D W I L O
```

PG.35

```
F Y E C D A M O L M M L
T O L Z R P B C D S O M
K C R I E D A Q D R S P
A H S G P D R U D U B D
C P R G I I B R N W S B
O U N J S V T I K I N G
M R M J V B E U D H N A
M P N O O S T N C G Q U
A O Z G G E H U M U U T
N S A G N A N V E L S H
D E M M I I W I X B E O
O G A S S R V N A X W R
N E S P P I C E S S O D
O E F R E E D O M U I X
M A N S W E R E D V R N
```

PG.37

```
H M Q C E V T N W I K L
F A D O Y C D T T U B N
T H N O N T D O O R S O
O D B D S E K T R E H L
E E K E S L B L O R D G
V P T O R E L X S K U O
E Z J H V M R F D R L D
N A E I B K P E A C E R
I E W T I B Y D H I T D
N L S F A O D L F P S A
G W R V J T E M E T K M
R Y I R B P K S A K T B
W A E B A C H E R D Y I
H V N C E Q H K T V N T
O A D I S C I P L E S L
```

PG.39

```
M N J Z G D I B R Y Z I
N E U A G F A T I O X U
B W D M M G B M U K X V
C O S L A V E R Y E C M
C N E L P G E H U M V D
T O A C C O R D M F E P
L M N Y I E I W E R U O
A Y E C D S R V C E W W
W F R E A S O N M E S E
M M J R J V B N D X H R
E H B U R D E N E D G Q
X A R G V A M O L M W U
O I N J S P B C D S A S
L T P E R F E C T H Y E
D R N O J D R U T U X W
```

PG.41

ENEMIES   RECONCILED

DEATH   MORE

SAVED   LIFE

```
S O B P Q P D R E A C I
E L I F E R E J A F Q J
R S T A N I A D B J S D
V P E A B M T Y B B T S
A B N L T N H D E M D A
N R E C O N C I L E D V
T W M R J U V O S N B E
F P I O J G B R V S F D
J Q E H T M O R E J E P
T M S C C P L B T P V E
```

PG.43

```
G M Q P F N T L D W I S
F A M I L Y E K T R O D
T H M I B O L B G N W V
O D N N J R E L X S K H
P E B D G V M R F T R K
H P V E T B K V S I N S
F Z C E F I B I D H J L
G B X D B A N D L I F H
S E V E R Y O N E S O O
P L B M R B P K S E R U
T O K E E A C H E R E L
R N T O Y F R E E T V D
W G L H D S I T I N E T
H S L A V E T N W I R S
D A L T Z C D T T U T K
```

JOHN   JESUS

LOOK   LAMB

WORLD   TESTIFY

```
S O B P Q P E R E A C I
B G C E G R O J W F Q J
R L O O K I H D O J S O
U P K A B M X Y R B T H
A B Y L T N T D L M D N
K R J I S E A D D B L G
T E S T I F Y O S N B O
F P J O J G B R V S F S
J E S U S O B L A M B P
T M E C C P L B T P V E
```

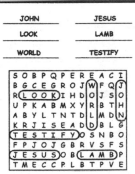

```
E M Q E T I B K V S S R
F T G B W A G E S D H I
T H E N P F A N D F I P
B D B R E A P T E R S T
E E L U N B B P K E E K
E P O J D A A C H E R D
N Z R H N C L Q H K T V
G A D G C R S S T I N S
S E M V C E S T N W I L
S L V F D E A T H T U A
I W B Y N N T L D W I V
N Y H I M S E K T R E E
W A L K E O L B G E W S
H O T T G I F T X S K U
H A R L H V M R F T R L
```

```
G M Q C E V T N S I K O
O R G H Y C D T I U B P
D H I R N T L D N I L P
O D B I S E K T S E H O
P E K S O L B G E W O S
H P T T R E L X S K U E
F Z L H V M R F T R L D
G A T A W A Y O S R D R
S L L T I B I R H I T D
P I P F A N D G I P S A
T V R V S T E A S T K M
R E T S B P K V E K T B
W A O B A C H E R D Y I
H R N C L Q H K T V N T
C A C R L N A I L I N G
```

```
M L Y E C D A M J O Y M
N O F L P R P B C K S D
B V M J E J A A Q I E S
G E H S A P T R U N U B
O D A R C V I B R D W S
O M I N E S E T I N S T
D E T M J V N M U E H N
N U R N O O C T B S G Q
E G E N T L E H U S U U
S E U A G N B N M E L F
S R D M M E I W E Y B R
F A I T H F U L C A X U
R N E L P P I C M S I I
H A P P Y V B N D X U T
Y M N Y I S P I R I T R
```

ASK YOURSELF
ANSWERS

1. THE LAMB OF GOD, WHO TAKES AWAY THE SINS OF THE WORLD.

2. THAT MEN DO NOT BELIEVE IN JESUS.

3. ETERNAL LIFE.

4. GOD FORGAVE THEM.

5. BY THE DEATH OF JESUS.

6. YES! ALL OF THEM.

THIEF	STEAL
KILL	DESTROY
COME	FULL

```
C O M E Q P E R E A C I
E G C E G R O J A F Q J
R K T A N I H D B J S D
V I K A B M X E B B T E
A L Y L T N T S E M E E
N L J I S E A T E B A G
T H I E F U V R S N U O
F P J O J G B O V S F S
J Q D H T O B Y C J E P
F U L L C P L B T P V E
```

```
G M Q C E W H O E V E R
F R G O Y C D T T U B N
T H I O N T E L L I L O
O D W M S E K T R E H L
P E O E O L B G E W O G
C C R O S S E D S K L O
F Z D H V M R F T R I D
G A T I B K V S S R F R
S E L T I B I H H I E D
C O N D E M N E D P S A
T W R E B T E A S T K M
R Y I A B P K R E K T B
W A D T A C H S R D Y I
H H N H E Q H K T V N T
D B E L I E V E S H I L
```

DECLARED	KINGDOM
BORN	FLESH
BIRTH	SPIRIT

```
K Q B P Q P E R E A C F
E I C E B I R T H F L J
R S N A N I H D B E S D
V P K G B M X Y S B T S
A B Y L D N T H E M D P
N R J I S O A D E B L I
T W E N J I U M O S N B R
F R R O J G B R V S F I
J O D H T O B U C J E T
B M E D E C L A R E D E
```

```
P O W E R V T N W I H L
F R G O Y C D T T U O N
T H B I R T H D W I P O
O D B M S E K T R E E L
P R A I S E B G E W O G
H P T O R E L X S K U O
F Z L H S H I E L D E D
G A T I B K V S S R D R
S E L T I B I D H F T D
C L P F A N D L I A S A
H W R D B T E M S I K M
R E V E A L E D E T T E
I A D A A C H E R H Y R
S H N D E Q H K T V N C
T A C R S I T I N H I Y
```

FATHER	COUNSELOR
TRUTH	LIVES
WORLD	LIVE

```
S O B P Q P L I V E S J
E G C E G R H D B J S D
R C O U N S E L O R T E
V P K A B M T T E M D E
A B Y L T N A R E B L G
L I V E M E V U S N B O
T W E R J U B T V S F S
F A T H E R B H C J E P
J Q D H T O L B T P V E
T M E C W O R L D C I L
```

THEREFORE	ANYONE
NEW	CREATION
OLD	COME

```
C O B P Q C E O T A C I
E O C E G R O R B N Q J
R S M A N E H J E Y S D
V P R E B A X D A O T E
O L D L T T T Y B N D E
N R J I S I A D B E L G
T W E R J O V D E N B O
F P J O J N B O N E W S
J Q D H T O B R S J E P
T H E R E F O R E P V E
```

```
G M Q C E V T N W I K S
F K N O W N D T T U B A
T H I O N T G L O R Y I
O D B M S E K T R E H N
P E K Y O L B G E W O T
H P T S R C H R I S T S
D Z L T V M R F T R L D
I A T E B K V S S R D R
S E L R I B I D H I T D
C L P Y A H D L I C S A
L W R V B T I M S H K M
O Y H O P E K D E E T B
S A D B A C H E D S Y I
E H N C E Q H K T E N T
D A C H O S E N N A N L
```

```
H M Q C E V T N S O N L
I R G O Y C D T T U B N
M H I O N T L L W I L O
S D B O D Y K I R E O L
E E K E O L B V E W N G
L P T O L E L E S K G O
F Z L H O M R S T R E D
G A T I V K V S S R R R
S E L T E B I D H I T D
P L I F D N D L I P S A
T W F V B F A I T H K M
R Y E B B P K S E K T B
W A D B A C H E R D Y I
H H N C R U C I F I E D
G O D R S I T I N H I L
```

```
C Y E R E M A I N M B Y
T F L Z R P B C D S E G
K R J R J E A Q D E A A
A U S T H R O W N U R R
D I R G V I B R N W S D
M T O B E Y E D T S T E
E F O H J N M E S H N N
C U N O O S T E C G Q E
L L Z G G F L U M U U R
E U A G N P N M E L S B
A D H W I T H E R S E L
N G A C S R V C A Z W R
N E S P P I C M S I O D
O I W R V B U R N E D X
D N Y P R U N E S V R G
```

```
H A N D D A M O L M M Y
T F L Z R E N D U R E D
K M J R J E A Q D E S P
A P O S T L E U T U B D
U A R G V I B R N E S P
T I N J S A T I T Y T E
H T M E D I T A T E N R
O R N O O S T B C S Q F
R J Z G G E H U M U U E
E U R I C H E S E S S C
L D M M E I W E B H E T
I S C O R N I N G A W E
V E L P P I C M S M O R
E S W R V B N D E E S X
S E A R C H J D H V R G
```

ASK YOURSELF
ANSWERS

1. YOU MUST BE BORN AGAIN.

2. SPIRITUAL BIRTH.

3. RECEIVE JESUS CHRIST AS YOUR SAVIOR.

4. NO, SPIRITUAL BIRTH IS FROM GOD.

5. NO!

6. NO...IT IS IMPOSSIBLE.

```
V M Q C E V T N W I K L
F I G O Y B E A R U B N
T H N O N T L D W N L O
O D B E S E K T R O H L
P E K E O F R U I T O G
H P T O R E L X S H U O
F Z L H V M R F T I L D
G R E M A I N S S N D R
S E L T I B E D H G T D
P L P F A H D L I P S A
T W R V C T E M S T K M
R M A N B P K S E K T B
W A A B A C A P A R T I
H R N C E Q H K T V N T
B A C R S I T I N H I L
```

EYES	AUTHOR
PERFECTER	FAITH
ENDURED	THRONE

```
S O B P Q F E R E A C I
E Y E S G A O J A F Q J
R S T A N I H D B J S D
V P K A B T H R O N E A
A B Y L T H T D E M D U
P E R F E C T E R B L T
T W E R J U V O S N B H
F P J O J G B R V S F O
J E N D U R E D C J E R
T M E C C P L B T P V E
```

RECONCILED	MINSTRY
WORLD	COUNTING
COMMITTED	MESSAGE

```
G T B P Q P E R E A C W
E M I N I S T R Y F Q O
R S T A N M T R Y J S R
V P K A B K X Y B B T L
M E S S A G E D E M D D
N R J I S E A D E B L G
T C O U N T I N G N B O
F R E C O N C I L E D S
J Q D H T O B U C J E P
T M E C O M M I T T E D
```

```
S M Q C E V T N W I K H
F O G O Y C D T T U I N
T H N O N T L D W M L O
O D S M S E K T R E H L
P E S E O L B G E W O O
H P E O R E L X S K U V
F Z N H L O V E D R L E
G A T I B K V S S R D R
S E L T I B I D H I T S
M I G H T N D L I P S H
T W R V D T E M S T K O
R Y I L B S I N S K T W
W A R B A C H E R D Y E
H O N C E Q H K T V N D
W A T O N I N G N H I L
```

```
C M Q C E V T N W I K S
F R G H E A V E N U H N
T H O O N T L D W E L O
O D B S S E K T D E H L
P E K E S L B G E W O G
H P T O R E L X S B U O
F Z E A R T H F T L L D
G A T I B K V S S O D W
F U L L N E S S H O T E
P L P F A N D L I D S L
T W P L E A S E D T K L
R Y I C B P K S E K T B
W A A B A C H E R D Y I
H E N C E Q H K T V N T
P A C T H I N G S H I L
```

RECEIVED	BELIEVED
RIGHT	CHILDREN
BORN	WILL

```
S O B P Q P W I L L C I
E G C E G R O J A F Q J
R S C C H I L D R E N D
R P K A B M E Y B B T E
I B Y L T V T D E O D E
G R J I I E A D E R L G
H W E E J U V O S N B O
T P C O J G B R V S F S
E D H B E L I E V E D
R M E C C P L B T P V E
```

```
G M Q C E V T N W I K L
O R G O Y C L I F E B N
D H I O N T L D W I L O
S D B M S E K T R E H L
P E T H R O U G H W O G
H P T O R E L X S D U O
S Z L H V M R F E R L D
A A T I B K V L S R D R
V E L T I B I D H D T D
E L P F A C O L I E S A
D W R V N T E M S A K M
R Y I O B P K S E T T B
W A C B A C H E R H Y I
H E N E M I E S T V N T
R A C R S I T I N H I L
```

```
G F A I T H T N W I K L
F R G O Y C D G L O R Y
T H I O N T L D W I L O
A C C E S S K T R E H L
P E K E O L B G E W O G
H P T O R E L R S K U R
J U S T I F I E D R L A
G A T I B K V J S R D C
S E L T I B I O H I T E
G A I N E D D I I S S A
T W R V B T E C S T K M
R Y I B B P K E E A T B
W A D B A C H E R N Y I
P E A C E Q H K T D N T
D A C R S I T I N H I L
```

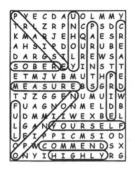

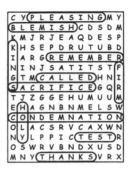

ASK YOURSELF
ANSWERS

1. JESUS CHRIST.

2. DEPEND ONLY ON JESUS.

3. KEEP YOUR MIND AND HEART FOCUSED ON HIM.

4. HE SENT US HIS SON.

5. THE HOLY SPIRIT IS GOD!

6. HE WOULD LIVE IN OUR HEARTS.

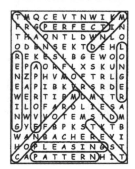

PG.101

```
G M Q C E V T N W I K L
B R G O Y C D S I G H T
L H I O N T L D W I L O
E D B M S C K T R E H L
M E K F I R M G E W O G
I P T R R E L X S H U P
S Z L E V A R F T O L H
H A T E B T V S S L D Y
S E L T I U I D H Y T S
P L P F A R D L I P S I
T W R V H E A V E N K C
R Y I B E P K S E K T A
W A D B A C H E R D Y L
H H N C R Q G O S P E L
D A C R D I T I N H I L
```

PG.103

```
D Y F L O W E R S M M Y
A F L Z R P B C D S D C
R H W I T H E R D E S O
E H S E P D R U T U B M
D A R G V I W A T E R P
M I N J S A T I T S T A
F L E S H B M K D H N R
U R N O O S T I C G Q E
T J Z P G E H N M U U D
S U A A N B N G E L S E
T D M S E I W D X B E S
A G A S S R V O A E W I
N E L P P I C M S Y O R
D S G R A S S D L E S E
S N Y I E X J D H S R S
```

PG.105

WORKS	REQUIRES
ANSWERED	BELIEVE
ONE	SENT

```
O Q B P Q P S R E A C I
E N C E G R E J A R Q B
R S E A N I N D B E S E
V P K A B M T Y B Q T L
A N S W E R E D E U D I
N R J T S E A D E I L E
T W F K J U V O S R B V
F B R O J G B R V E F E
T O D H T O B U C S E P
W M E C C P L B T P V E
```

PG.107

```
T M Q C E V T N W I K M
A R G P E R F E C T I N
T H A O N T L D W N L O
O D B N S E K T D E H L
R E K E S L B G E W O O
E P A O A F L X S K U N
N Z P H V M O F T R L G
E A P I B K I R S R D E
W E R T I B M D M I T R
I L O F A R D L I E S A
N W V O T E M S T D M S
G Y E F B P K S T K T B
W A N B A C H E R E V I
H O P L E A S I N G S T
C A P A T T E R N H I T
```

PG.109

```
C V E C D L M O L M M A
T O L Z R O B C D S B M
K M N R J R A Q D I S P
E H U F P D R U D U B E
X A N G L I B E N W S V
E I B R S I T I T J T I
R T E A V B C U D E N D
C R L T O S I T C S Q E
I J I I G E T U M U U N
S U E F N C C M E S S C
E D F Y I I W H X B E E
O G A V S R V G R P W R
N E N P P I C M S I O D
O O A A T T I T U D E S I
C C O M P E T E N T A I
```

PG.111

```
T Y E C B O D Y L M M R
H F L Z R P B C D S D E
A M J R J E A Q D E S S
N O U R S E L V E S B C
K A R G V O B R N W S U
S I N J S L T I T S T E
E T M J V D M U D H N R
U A B U N D A N C E Q S
T J Z G G E H U M U U E
E U A G N B N M N L S R
R O B J E C T E E B E V
O G A C S R V C W H W I
N E L P P I C M S I O N
O S W R V B N D X U S G
W R E T C H E D H V R G
```

PG.113

COMMAND	NAME
CHRIST	LOVE
ANOTHER	COMMANDED

```
S O N P Q P E R E A C C
E G A E G R O J A N Q O
R S M A N I H D B O S M
V P E A L O V E B T T M
A B Y L T N T D E H D A
C O M M A N D E D E L N
T W E R J U V O S R B D
F P J O J G B R V S F S
J Q C H R I S T C J E P
T M E C C P L B T P V E
```

PG.115

```
G M Q C E V T N W C K L
B E C A U S E T T H B N
T H I O N T L D W I L O
O D B M S E K T R L H L
P E O E O L B G E D O G
H P V O R W L X S R U O
F Z E H V H R F T E L D
G A R I B O V S S N D R
S E C T I B I D H I T D
P L O F A N D L I P S A
T W M V W O R L D T F M
R Y E B B P K S E K R B
W A D B A C H E R D O I
G R E A T E R K T V M T
D A C R S I T I N H I L
```

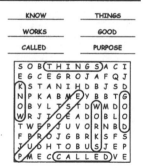

```
S Y E C A G A I N M M Y
T O L Z R E C E I V E H
K M N R J E A Q D E S U
A H S S P E N T E R B S
D S R B H I B R N S S B
M P N O S I T I T U T A
E I M R V B P U D F N N
U R N N O S T B C F Q D
T I S T N P Z D P E U W
E T A G N B N M E R S B
R D M M E F L E S H E L
O G A C S R V C A X W R
J U S T I F I E D I O D
O S W R V B N D X U S X
H E I R S X L I G H T G
```

FEAR	PERFECT
DRIVES	BECAUSE
PUNISHMENT	LOVED

```
F O B P Q P E R E A C B
E G C E G R O P A F Q E
A S L O V E D E B J S C
R P K A B M X R B B T A
A B Y L T N T F E M D U
P U N I S H M E N T L S
T W E R J U V C S N B E
F P J O J G B T V S F S
J Q D H T O B U C J E P
D R I V E S L B T P V E
```

KNOW	THINGS
WORKS	GOOD
CALLED	PURPOSE

```
S O B T H I N G S A C I
E G C E G R O J A F Q J
K S T A N I H D B J S D
N P K A B M E Y B B T G
O B Y L T S T D W M D O
W R J I O E A D O B L O
T W E P J U V O R N B D
F P R O J G B R K S F S
J U D H T O B U S J E P
P M E C C A L L E D V E
```

```
C Y E L A V I S H E D C
T F L R R P B C D S D A
K F R I E N D S D E S L
A R R I P D R A T U B L
D I L O V E B P N W S E
M E M J S A T P T S T D
E N N J V A M E D H A R
U D Z O O G T A C G N S
T S A G G A H R M U D W
E H M G N P N S T L I B
R I P U R E W C Z B N L
O P L C S R V E A X G R
N E W P A R R E S T O D
O S I R V B N N X U S X
C H I L D R E N H V R G
```

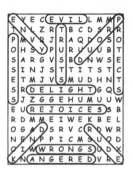

PGS.128—129

ASK YOURSELF
ANSWERS

1. HE GUIDES US INTO ALL TRUTH.

2. JESUS IS THE TRUTH.

3. THE WORD IS TRUTH.

4. THE SPIRIT IS THE SOURCE OF LIFE.

5. THE FLESH COUNTS FOR NOTHING.

6. THE FLESH CANNOT PRODUCE THE FRUIT OF THE SPIRIT.

```
R Y E C D A M O L M M C
T E C H U R C H S H M
K M D R J E A Q D I S R
D H S E P D R U L U B E
O A R G E I B D N W S S
M I N J S M T I N N T C
I I T M J V B M O O H N U
N W O R T H Y I C G Q E
I I J Z G G T U N A M E
O U A G B P N M E L S B
N D M M M I P E O P L E
O G A E S R V C A B W R
N E D P D A R K N E S S
Q E W R V B N D X U S A
R N C H R I S T I A N G
```

PLEASE	ANYONE
COMES	EXISTS
REWARDS	SEEK

```
P O B P Q P E R E A C E
L G S E E K O J A F Q X
E S T A N I H D B J S I
A P K R E W A R D S T S
S B Y L T N T D E M D T
E R J I S E A D E B L S
T W E R J C O M E S B O
F P J O J G B R V S F S
J A N Y O N E U C J E P
T M E C C P L B T P V E
```

```
G M Q C E V T N W I K L
F R G O Y C D T Y U B N
T H A Q N T L D O I L O
O D B C S E K T U E H L
P E K E E L B G R W O G
H P T O R E L W S K U O
F S A V E D R F E R L D
G A T I B K V S L R D R
S E B O A S T D V I T D
P L P F A N D L E P S A
G I F T B T E M S T K M
R Y I B B P K S E K T B
W T H R O U G H R D O I
H H N C E Q H K T V N T
D A C R S I W O R K S L
```

```
H M Q C E V T N W I K N
P O G O G O I N G U O N
T H U Q N T L D W T L O
O D B S S E K T R E H L
P E K E E L R O O M S G
F A T H E R S X S K U O
H P R O R E L F T R L D
G A O I B K V P L A C E
S E U T I B I D R O S T
P L B F A N T R U S T A
T W L V B T E M S T K M
R H E A R T S S E K T B
W A D B A C H E R D Y I
H H N C E Q H K T V N T
D A C R P R E P A R E L
```

PG.141

BEING — WHAT

CERTAIN — SEE

ANCIENTS — COMMENDED

```
S O B P Q P E R E A C A
E G C E R T A I N F Q N
R S T A N B H D B J S C
V P K A B E X Y B B T I
W H A T T I T D R M D E
N R J I S N A D E B L N
T W E R J G V O S N B T
C O M M E N D E D S F S
J Q D H T O B U C J E P
T M E C C P L B S E E G
```

PG.143

```
C Y E C D A M O L M M H
T F B R O T H E R S D U
K M J R J E A Q D E S M
A C T S P D R U T U B I
D A R G V I B R N W S L
S A C R I F I C E S T I
H T M J V B M U D H N T
U C N O O S T B C G Q Y
M H Z G G E H U M U U W
B O A G F R E E D O M B
L S M M E I W E X B E L
E E A C S R V C A J W R
N N L P P I C M S U O D
L A W L E S S D X S S X
M N Y I E X J D H T R G
```

PG.145

HAVE — PRIEST

THROUGH — HEAVENS

FIRMLY — PROFESS

```
S O B P Q P E R E A C P
E T H R O U G H A F Q R
R S T A N I H D B J S I
P R O F E S S Y B B T E
A B Y L T N T F E M D S
N R J I E E A I E B L T
T W E V J U V R S N B O
F P A O J G B M V S F S
J E O H T O B L C J E P
H M H A V E L V T P V E
```

PG.147

```
C Y E C D A H A N D M Y
T R L H R P B C H I L D
K E J I J E A Q D E S P
A F S L P D R W T U B D
D L R D V A B I N W S B
M E N I S G T L T S T S
E C M S V E M L D H N T
U T N H O S T I C M Q R
G I Z G D E H N M I U E
L O A G E B N G E R S N
O N M M S I W E X R E G
R G A C I R V C A O W T
Y E L P R I C M S R O H
O F A C E B N D X U S X
M N Y I S X G U I D E G
```

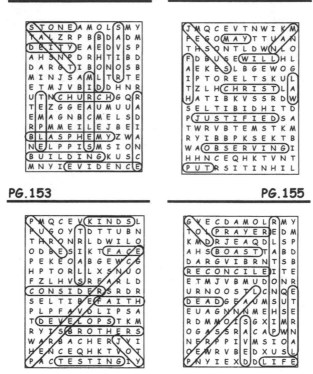

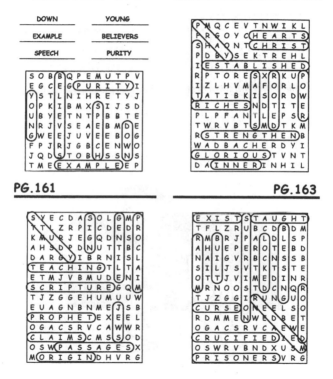

PG.157

DOWN	YOUNG
EXAMPLE	BELIEVERS
SPEECH	PURITY

S O B B Q P E M U T P V
E G C E G P U R I T Y I
Y S T L N I H R E T Y J
O P K I B M X S I J S D
U B Y E T N T P B B T E
N R J V S E A E B M D E
G W E E J U V E E B O G
F P J R J G B C E N W O
J Q D S T O B H S S N S
T M E E X A M P L E E P

PG.159

P M Q C E V T N W I K L
F R G O Y C H E A R T S
S H A Q N T C H R I S T
P D B Y S E K T R E H L
I E S T A B L I S H E D
R P T O R E S X R K U P
I Z L H V M A F O R L O
T A T I B K I S O R D W
R I C H E S N D T I T E
P L P P A N I L E P S R
T W R V B T S M D T K M
R S T R E N G T H E N B
W A D B A C H E R D Y I
G L O R I O U S T V N T
D A I N N E R I N H I L

PG.161

S V E C D A S O L G M P
T T L Z R P I C D E D R
K M U R J E G Q D N S O
A H S D P D N U T T B C
D A R G Y I B R N I S L
T E A C H I N G T L T A
E T M J V B M U D E N I
S C R I P T U R E G Q M
T J Z G G E H U M U U W
E U A G N B N M E J S B
P R O P H E T E X E E L
O G A C S R V C A W W R
C L A I M S C M S S O D
O S W P A S S A G E S X
M O R I G I N D H V R G

PG.163

E X I S T S T A U G H T
T F L Z R U B C D B D M
R M B R J P A L D L S P
A H U E P E R O T E B D
N A I G V R B C N S S B
S I L J S V T K T S T E
O T T J V I M E D I N R
M R N O O S T D C N Q R
T J Z G G I R U N G U O
C U R S E O E E L S O
R D M M E N W E D B E T
O G A C S R V C A E W E
C R U C I F I E D E D
O S W R V B N D X U S M
P R I S O N E R S V R G

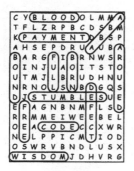

ASK YOURSELF
ANSWERS

1. TO BELIEVE IN JESUS.

2. WE MUST HAVE FAITH.

3. IT IS A GIFT FROM GOD.

4. A CHRISTIAN WILL HAVE TROUBLE.

5. IN HIS LOVE.

6. IT DEVELOPS PERSEVERANCE.

Crossword Answers

PG.173

PG.175

PG.177

PG.179

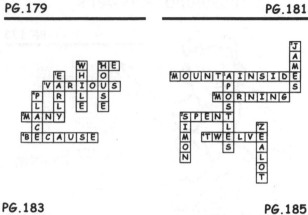

PG.181

PG.183

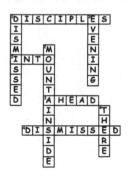

PG.185

ASK YOURSELF
ANSWERS

1. PRAYER.

2. BE WATCHFUL AND THANKFUL.

3. PRAYER.

4. ALL NIGHT.

5. THE MOUNTAINSIDE.

6. TO PRAY.

PG.195

PG.197

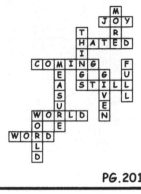

PG.199

PG.201

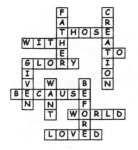

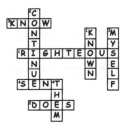

PGS.206-207

ASK YOURSELF
ANSWERS

1. TO GLORIFY HIS SON.

2. TO GLORIFY THE FATHER.

3. TO KNOW THE FATHER AND CHRIST.

4. FOR THOSE WHO BELIEVE.

5. THAT THEY MAY BE ONE.

6. TO BE WITH HIM AND SEE HIS GLORY.

PG.211

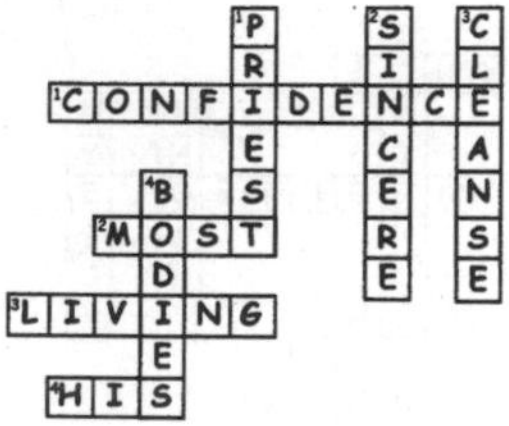
CONFIDENCE
MOST
LIVING
HIS
PRIEST
SINCERE
CLEANSE
BODIES

PG.213

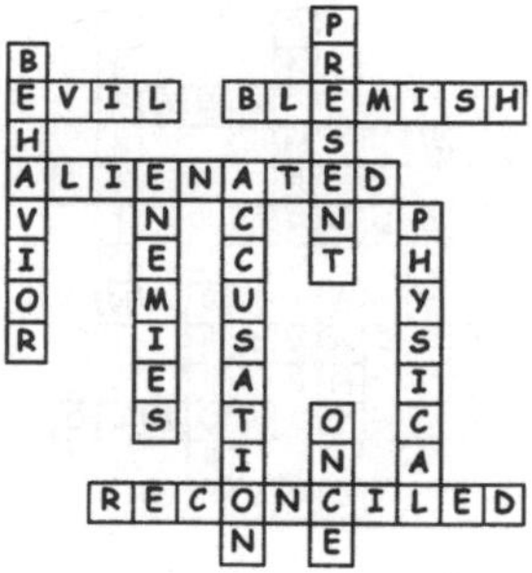
EVIL
BLEMISH
ALIENATED
RECONCILED
BEHAVIOR
PRESENT
ENEMIES
ACCUSATION
PHYSICAL
ONE

PG.215

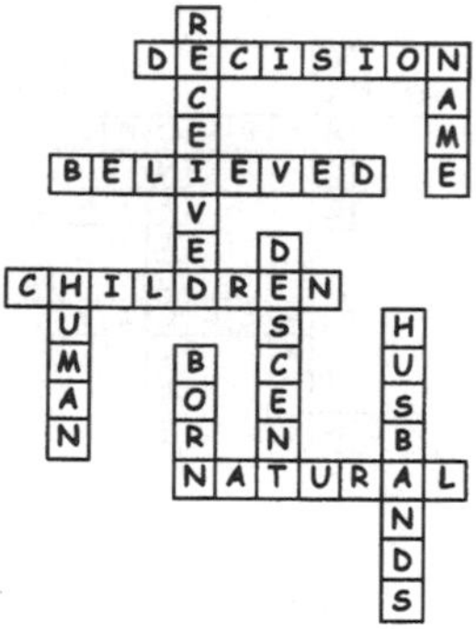
DECISION
BELIEVED
CHILDREN
NATURAL
RECEIVED
NAME
HUMAN
DESCEN
BORN
HUSBANDS

PG.217

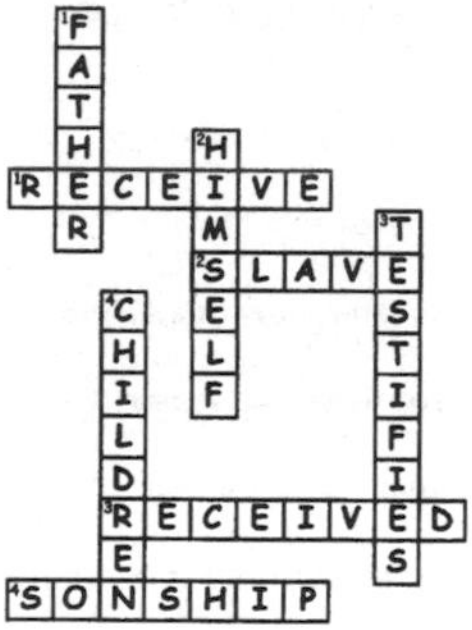
RECEIVE
SLAVE
RECEIVED
SONSHIP
FATHER
HIMSELF
TESTIFIES
CHILDREN

TEST YOURSELF
ANSWERS

1. THE THRONE OF GRACE.

2. WITH CONFIDENCE.

3. IN OUR TIME OF NEED.

4. GRACE TO HELP US.

5. NO.

6. THE SPIRIT OF SONSHIP.

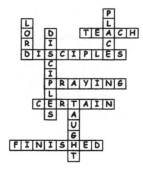

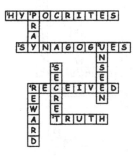

PG.227

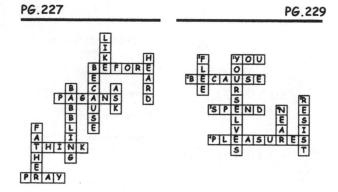

PG.229

PG.231

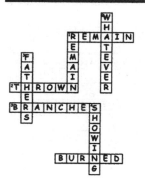

PG.233

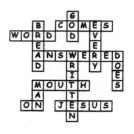

PG.235

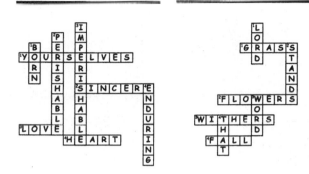

PG.237

PG.239

PG.241

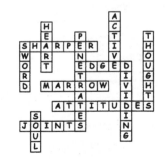

PG.243

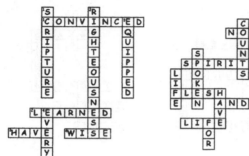

Crossword answers:
- CONVINCED
- SCRIPTURE
- RIGHTEOUSNESS
- REQUIPPED
- LEARNED
- EVERY
- HAVE
- WISE

PG.245

Crossword answers:
- COUNTS
- NOTHING
- THEY
- GIVES
- SPIRIT
- LOOK
- FLESH
- AND
- LIFE
- FOR

PGS.246–247

ASK YOURSELF
ANSWERS

1. TO BE SEEN BY MEN.

2. IN SECRET.

3. HE WILL REWARD THEM.

4. THEY KEPT ON BABBLING.

5. THEIR MANY WORDS.

6. GOD KNOWS WHAT WE NEED BEFORE WE EVEN ASK HIM!

PG.249

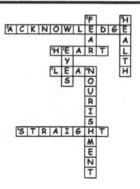

Crossword answers:
- ACKNOWLEDGE
- FAT
- HEALTH
- HEART
- EYES
- LEARN
- NOURISHMENT
- STRAIGHT

PG.251

PG.253

PG.255

PG.257

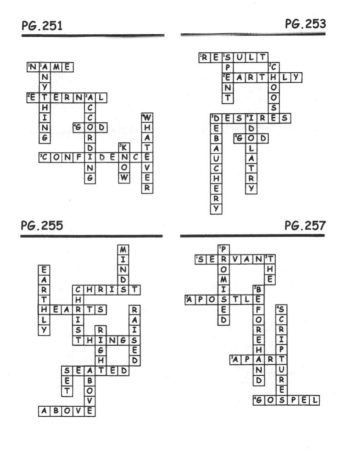

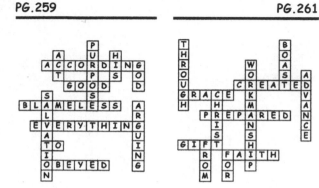

ASK YOURSELF
ANSWERS

1. TO ASK ANYTHING ACCORDING TO HIS WILL.

2. ON THINGS ABOVE.

3. ON THINGS ABOVE.

4. OFFER OUR BODIES AS LIVING SACRIFICES.

5. OUR SPIRITUAL ACT OF WORSHIP.

6. WHAT GOD'S WILL IS.

PG.267

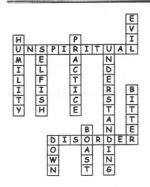

PG.269

PG.271

PG.273

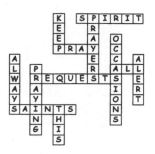

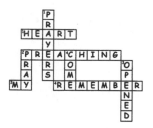

ASK YOURSELF
ANSWERS

1. ALL CIRCUMSTANCES.

2. TO GIVE THANKS.

3. JESUS CHRIST.

4. THE LORD JESUS CHRIST.

5. JESUS CHRIST.

6. ON JESUS CHRIST.

PG.283

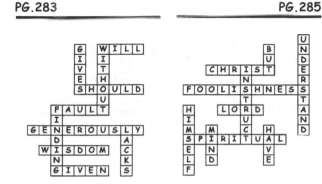

```
      G   W I L L
      I   I
      V   T
      E   H
      S H O U L D
        U
    F A U L T
    I
G E N E R O U S L Y
    D         A
  W I S D O M   C
    N         K
    G I V E N   S
```

PG.285

```
                    U
                B   N
                U   D
      C H R I S T   E
                N   R
F O O L I S H N E S S
                T   T
H     L O R D       A
I         U         N
M   M   C   H       D
S P I R I T U A L
E   N   C   V
L   D       E
F
```

PG.287

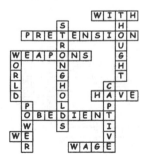

```
              W I T H
      S       H
  P R E T E N S I O N
      R       U
W E A P O N S G
O     N       H
R     G       T
L     H     C
D     O   H A V E
  P   L     P
  O B E D I E N T
  W   S     I
W E R       V
      W A G E
```

PG.289

```
  H A R B O R
  E
  A       U
  A       N
S E L F I S H
  N   O   P
  O   R   I T
      P   R
      P   I
    P A C T I C E
  T R U T H
      A   U
      C   A
      T   L
      I
      C
      E
```

PG.291

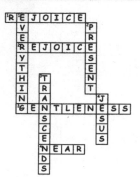

PG.293

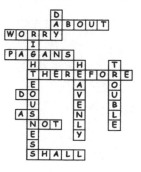

PG.295

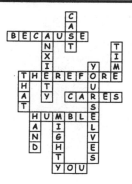

PG.297

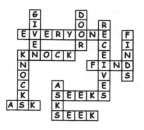

PG. 299

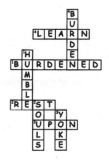

```
            B
            U
    L E A R N
            D
    H       E
    B U R D E N E D
    M
    B
    L
    R E S T
    O     Y
    U P O N
    L     K
    S     E
```

PGS 300-301

ASK YOURSELF
ANSWERS

1. ANYTHING.

2. OUR REQUESTS.

3. OUR HEARTS AND MINDS.

4. GIVE THE ANXIETY TO GOD.

5. BECAUSE GOD CARES FOR US.

6. THE HEAVENLY FATHER.

PG. 303

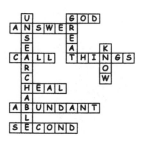

```
    U       G O D
  A N S W E R
    S       E
    E       A       K
  C A L L   T H I N G S
    R       A       O
    C               W
    H E A L
    A
  A B U N D A N T
    L
  S E C O N D
```

PG. 305

```
  D E C E I V E D
    H
    O
    S
  P E R F E C T
      I       H
      R       R
      S       O
      T       U
      F       G
  F A T H E R H
      U
      I
  S H I F T I N G
    E       S
```

PG.307

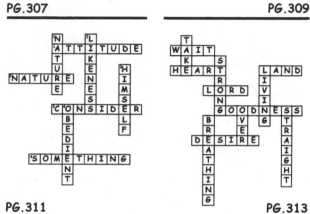

PG.309

PG.311

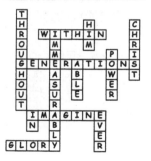

PG.313

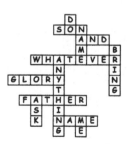

PG.315

```
          E
          V
          E
  O U R S E L V E S
          R Y               E
  N E I G H B O R   W   N
          H       R   C
          I       I   O
          N       T   U
          G   M   T   R
      W R I T T E N   A
          G       E   G
          H   F A L L E N
          T           M
                      E
                      N
                      T
```

PG.317

```
          G         B
  A B R A M         L
          E         E
      F A T H E R S S
          T         S
              W     I
      N A T I O N   N
              L     G
      W I L L
      I
      L
      L
```

PG.319

```
  C O N T I N U E
      A
      M
      T E L L I N G
      E
    F A V O R
      C   E
  W I T H   M
          E
          M O S E S
          B       E
  P L E A S E D   N
    E   V   R     D
    A   O
    D   R
```

PG.321

```
  E
  S
  T
  A
  B
  G L O R I O U S
  I               D
  S T R E N G T H E N
  H         O     E
  E         G     P
  D     P O W E R
      T     T
  T H R O U G H
      E     H
            E
            R
```

PG.323

PGS.324-325

ASK YOURSELF
ANSWERS

1. ON OUR NEEDS.

2. GOD'S KINGDOM AND RIGHTEOUSNESS.

3. YES!

4. ASK, SEEK, KNOCK.

5. NO.

6. IN ALL SITUATIONS.

PG.327

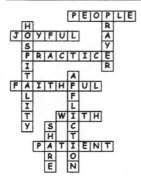

PG.329

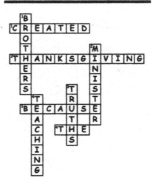

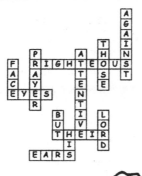

ASK YOURSELF
ANSWERS

1. EVERYTHING.

2. ALL THE SAINTS.

3. OURSELVES.

4. REQUESTS, PRAYERS, INTERCESSION, AND THANKSGIVING BE MADE FOR EVERYONE.

5. FOR ALL THOSE IN AUTHORITY.

6. THAT WE MAY LIVE PEACEFUL AND QUIET LIVES.